教育部第三批现代学徒制试点工作建设成果

民族地区现代学徒制办学探索与实践

吴美琼 刘存香 著

郑州大学出版社

图书在版编目(CIP)数据

民族地区现代学徒制办学探索与实践／吴美琼，刘
存香著. — 郑州：郑州大学出版社，2021.9
ISBN 978-7-5645-8096-4

Ⅰ. ①民… Ⅱ. ①吴… ②刘… Ⅲ. ①民族地区 - 职
业教育 - 学徒 - 教育制度 - 研究 - 中国 Ⅳ. ①G719.2

中国版本图书馆 CIP 数据核字（2021）第 167213 号

民族地区现代学徒制办学探索与实践

MINZU DIQU XIANDAI XUETUZHI BANXUE TANSUO YU SHIJIAN

策划编辑	孙理达		封面设计	苏永生
责任编辑	孙理达 孙园园		版式设计	凌 青
责任校对	席静雅		责任监制	凌 青 李瑞卿

出版发行	郑州大学出版社有限公司	地 址	郑州市大学路 40 号（450052）
出 版 人	孙保营	网 址	http://www.zzup.cn
经 销	全国新华书店	发行电话	0371 - 66966070
印 刷	郑州宁昌印务有限公司		
开 本	787 mm×1 092 mm 1／16		
印 张	11	字 数	199 千字
版 次	2021 年 9 月第 1 版	印 次	2021 年 9 月第 1 次印刷

| 书 号 | ISBN 978-7-5645-8096-4 | 定 价 | 48.00 元 |

序

　　《民族地区现代学徒制办学探索与实践》是广西水利电力职业技术学院作为教育部第三批现代学徒制试点院校建设过程所形成的实践探索和研究成果。作者在现代学徒制人才培养模式研究的多年时间里勇于探索、善于研究，对职业院校如何构建具有区域特点和自身特色的现代学徒制人才培养模式具有重要的理论和实践指导意义。

　　作为教育部全国现代学徒制工作专家指导委员会主任委员，本人有幸参与了教育部组织开展的涉及现代学徒制方案设计和标准评审等诸多工作。无论是《国家职业教育改革实施方案》还是近期出台的《深化新时代教育改革评价总体方案》和《职业教育提质培优行动计划（2020—2023年)》，都将全面推广现代学徒制作为职业院校办学质量评价的重要指标，这说明国家对现代学徒制的全面推广是坚定且充满信心的。虽然，经过国内多所职业院校的探索与研究，我国现代学徒制建设形成了各具特色的人才培养模式和经验，然而系统性总结民族地区现代学徒制运行机制、经验做法的专著书籍不多，令人遗憾。今天，看到《民族地区现代学徒制办学探索与实践》即将出版，我倍感欣慰。

　　《民族地区现代学徒制办学探索与实践》总结了国内外学徒制的发展成果，分析了国内不同院校、企业的典型做法，结合中国职业教育工作面临的新形势新任务，积极探索实践符合民族地区的现代学徒制，创造性地提出了土建类"双1234"、工商管理类"4234"现代学徒制人才培养模式，还将现代学徒制运用于民族地区职业教育及中华优秀传统文化传承中，形成了丰硕的、颇具中国少数民族传承人培养特色的研究成果。同时积极探索现代学徒制在"一带一路"国家推广的可行性路径，为国家教育部门制定与现代学徒制工作相关管理规范提供了可参考的依据。

总言之，改革贵在坚持、重在创新，编写组大胆探索、先行先试的智慧和勇气可嘉，创新精神值得肯定。我相信，这些成果将为中国职业院校开展现代学徒制建设工作提供重要的借鉴作用。

赵鹏飞

（教育部　全国现代学徒制工作专家指导委员会主任委员）

2021年6月

前　言

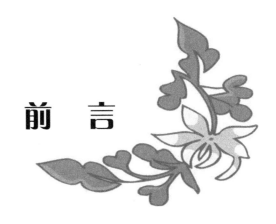

　　现代学徒制是中华人民共和国教育部于 2014 年提出的一项旨在深化产教融合、校企合作，进一步完善校企合作育人机制的创新技术技能人才培养模式也是通过学校、企业深度合作，教师、师傅联合传授，对学生以技能培养为主的现代人才培养模式。与普通大专班和以往的订单班、冠名班的人才培养模式不同，现代学徒制更加注重技能的传承，由校企共同主导人才培养，设立规范化的企业课程标准、考核方案等，体现了校企合作的深度融合。现代学徒制有利于促进行业、企业参与职业教育人才培养全过程，实现专业设置与产业需求对接，课程内容与职业标准对接，教学过程与生产过程对接，毕业证书与职业资格证书对接，职业教育与终身学习对接，提高人才培养质量和针对性。

　　本著作分为六个模块，分别是国内外学徒制发展概述、现代学徒制及实现途径、现代学徒制在广西少数民族地区的实践、现代学徒制在广西水利电力职业技术学院的实践、现代学徒制理论在民族教育中的应用、现代学徒制在"一带一路"国家推广的可行性，并结合大量的图表、实例，总结与启示，为推广现代学徒制相关工作的政行企校提供借鉴。

　　全书由广西水利电力职业技术学院吴美琼、刘存香主笔，学院韦清权、李文娟、彭聪、黄怡健、刘政权、徐逢春、刘俊宏、张宪明、王晓迪、廖明菊、李小莲、阮开宁、韦弘、唐锋等老师参与了研究与实践。

由于地域差异及作者水平有限、经验不足，书中的缺点和错误在所难免，恳请读者给予批评指正。

目 录

第一章 国内外学徒制发展概述

学徒制是职业教育中的一种方法，其主要特点是"师傅带领徒弟""在实践中学习"，学生（也称之为学徒）在师傅或者专家的带领下进行学习，获得基础理论知识和实际动手能力。建立现代学徒制，是经济社会发展的客观需求，也是职业教育主动服务经济发展的重要途径，通过深化产教融合、校企合作，让学生做到工学结合、知行合一，全面提升学生素质，培养学生的职业技能和职业精神，为经济社会发展输送符合企业发展要求的人才。

第一节　国内学徒制发展概述

一、传统艺徒制的发展历程

我国是世界文明的发源地之一，与西方的现代学徒制相比，我国古代的艺徒制教育产生的时间要更早。追溯到原始手工业时期，我国出现了骨器、陶器、石器以及房屋建造和竹木器等各类手工业，随之产生的就是对这些技能的训练和传授。我国古代的艺徒制训练是对世袭工艺技能传授的一种传承，它在夏商周时代萌芽，春秋战国时期逐渐发展，到了封建时代日益成熟，地位开始巩固。但是随着封建王朝的覆灭，学校职业教育开始出现，中国的古代艺徒制也就走向了衰落。在我国古代的职业教育中，艺徒制这一教育形式可以说最为流行，针对的教育群体最多，持续的时间也最长。

二、传统艺徒制的萌芽、发展期

原始社会时期，人类不再单纯地以狩猎为生，开始向农业种植转变，这一过程中，早期的职业教育登上了历史的舞台。伴随着三次社会大分工，逐渐出现了艺徒制的雏形。奴隶社会经历了夏朝、商朝直至西周。自从东周的经济下移之后，物质生产与再生产的基本单位就变成了个体家庭。也就是通过这样的模仿和口授，使技艺能世世代代地相传下去。于是，慢慢地，工艺知识连同血缘一起，只在家庭范围内向下传承，艺徒制在夏商周时代开始萌芽。中国古代的艺徒训练式教育脱胎于世袭的工艺技能传授，在夏商周时期萌芽，与原始社会相比，这一时期艺徒制的发展逐渐走上了正轨，它不再是一种隐性的职业教育形式，无论是对学习内容的规定还是对培训工作的组织、管理都越来越明确和规范。

三、传统艺徒制的成熟、衰落期

艺徒制在局势动荡的春秋战国时代得到了一定程度的发展，其载体主要有官营手工作坊和私营手工作坊两种。伴随着奴隶制度的瓦解，在官府的手工作坊中，确立了"工师授徒"，"工师"不仅要培养技术人才，也要对百工进行管理以保证生产能够顺利进行。与此同时，原来的一些职官流落到了民间，开始创设自己的学派，并且通过设立私学来招收学徒。他们把官府技术带到民间的同时，又在民间的生产实践过程中吸收养料，反过来促进原有技术的发展。因为有官府的支持，相对于其他学徒制形式而言，它的发展更为成熟。

自秦朝建立直至隋唐，无论是政治还是经济都日渐繁荣，这也推动了艺徒制的成熟与巩固。通过政府的推广，以师带徒和父子相传的职业教育形式也得到了肯定。这一时期，不仅民间的艺徒制继续发展，官营艺徒制也逐渐成熟并确立了它的主导地位。与之前的各个时期相比，秦汉直至隋唐时期，官营艺徒制逐渐确立了它的主导地位，发展日益成熟，教育内容翔实、培训期限灵活、组织管理机构完善、并且制定了严格的能力考评标准，培训的效果显著。宋朝时期的"法式"艺徒制教育更是艺徒培训史上的一大创新亮点，与之前的艺徒制教育相比，它使学徒的培养有了明确的要求和目标。封建社会末期，即明清的艺徒制教育仍在前行，这一时期主要以民间的艺徒传授活动为主，手工业者在这一时期互相进行技艺交流，民间作坊纷纷进行技艺的总结；但这一时期官营艺徒制走向了衰落，随着清朝末年中国学校制度的创立，无论是官营还是民间的艺徒制教育都慢慢地淡出了人们的视野。

四、传统艺徒制的特点

中国古代职业主要分为士、农、工、商，师徒传承的艺徒制教育是学徒制教育的一种。中国古代艺徒关系脱离了传统的父传子学世袭艺徒训练，通过工作坊确立师徒关系，这种艺徒关系比西方的现代学徒制出现得更早。"生产第一、教育第二"是古代艺徒制的教育理念，学徒在从事劳动的同时接受师傅传授技艺，通过在创造价值的同时获得技术技能的教育模式对传统技艺进行传承。在传授技艺的过程中，师傅们会通过各种形式如口诀等把一些经验展示给徒弟们便于记忆，促进学徒自身能力的增强，提高技艺的实际价值。学徒要全面掌握一项工作，其内容涵盖工作的每一道工序、每一个环节，培养出的工匠不仅对自己的职业，而且要对整个行业都有全面的了解，才能保证技艺的专业水平。因此，古代艺徒制教育贯穿于行业生产的全过程，具有全程教育的特征。

这种教育培养出的人综合素质较高、富有创造精神，特别在古代社会末期艺徒制职业教育培育出许多杰出人才和能工巧匠，产出的产品部分成为了能代表我国古代高度文明的重要标志的"国宝"。

五、建国初期企事业单位学徒培训和"半工半读"为主的学徒制

自 20 世纪 80 年代以学习西方经验为主的职业教育改革时期之后，中国职业教育界日渐意识到，照搬西方经验在我国难以获得全面成功。我国需要有更加开阔的视野、更多元的方式以及更加创新的方法，来探索有中国特色的职业教育发展之路。

党和政府高度重视职业教育，在不同的时期出台了很多政策，着重培养大量的专业技术人才，服务社会主义建设。纵观我国建国以来的学徒制发展历程，根据各个历史阶段政策变化情况，大体上可以分为改革开放以前、改革开放后至 2012 年，2012 年以来这三个阶段。

中华人民共和国成立初期，我国由于经历了长时间的战争，工业受到了严重的破坏，处于百废待兴的状态。在各行各业建设都需要大量工人的背景下，迫切需要国家出台相应的政策，来解决学徒培养与国家建设需求不匹配的问题。1957 年，国务院颁布了关于国营、公私合营、合作社营、个体经营的企业和事业单位的学徒学习期限和生活补贴的暂行规定，其目的是让广大青年能够获得更多的就业机会，以保证社会主义事业的发展需求。1958年，中共中央提出了鼓励半工半读、半耕半读，鼓励发展职业技术院校和业余学校，力图通过多种多样的办学形式，培养更多既有文化知识、又有技术技能的人才。这一时期的政策核心是为了带动和保障经济发展，更多的是强

调劳动的重要性，而"半工半读"的学校多为工矿企业主办，在学徒教育上偏重于技能和劳动教育，简单地将劳动中的专业知识、技能学习和技能训练划为体力劳动，而对文化理论素养的教育缺乏系统的课程体系建设，对学徒的考核标准也较为宽松。

六、改革开放后"先培训后就业"为主的学徒制

改革开放以后，国内各种生产建设逐步开始恢复正常，建国初期的计划经济体制也逐步向市场经济体制转变，学徒制培训也迎来了新的发展模式。这一时期国家出台的政策，主要为恢复学徒培训在"文革"时期遭受破坏的各项制度，改善学徒培养模式，建立符合改革开放要求的学徒培训模式，如：1979 年发布了《关于进一步搞好技工培训工作的通知》，1981 年发布了《关于加强和改进学徒培训工作的意见》，1991 年发布了《国务院关于大力发展职业技术教育的决定》，等等。这一阶段，国家更加注重对学徒课程的规划，对技术理论知识的学习时间有了详细的规定，对学徒身份、待遇等也有了更加明晰的规定，对师傅资格要求也更加具体、细致，可操作性强。在学徒考核方面，提出了明确、具体的考核标准，明确要根据培养目标和《工人技术等级标准》进行考核，考核合格才能转正，考核不合格的要延长学习时限直至补考及格。针对工学结合的职业学校学生的考核，逐步推进了"双证书"（毕业证书和技术等级或岗位合格证书）制度。这一阶段，结合当时国家开展教育体制改革，实行职业教育分类，中等职业教育得到了快速发展，职业学校与普通高校的招生人数十分接近，以学校为主体的职业教育逐步代替了企业为主的学徒制教育。

第二节　国外学徒制发展概述

学徒制教育模式拥有悠久的发展历史，在四大文明古国：中国、古埃及、古巴比伦和古印度都有类似于现代学徒制的记载。公元前 2100 年，古巴比伦家族就留有工匠收纳养子以传授技艺的记录，这意味着亲子关系传承的职业技能向师徒关系的传承过渡和发展。

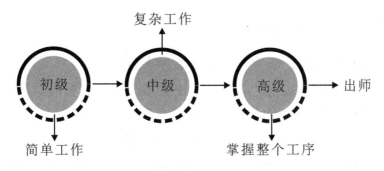

图 1 - 1　学徒制技艺传授的方式形式

在中国，学徒制是古代社会实施职业教育的主要形式，工匠、郎中、商贩、和尚、道士都是采用学徒制培养的模式，这种拜师学艺的模式从奴隶社会兴起，经过封建社会不断完善。在隋唐代官营手工业作坊的发展，促进了学徒制的完善，从中央政府到地方机构都设有官营手工业作坊，均采用学徒制的教育形式。孔子、墨翟、鲁班、黄道婆，这些都是著名的师傅，其技艺传授的方式也属于学徒制的基本形式。

学徒制是职业教育的主要形态和重要形式，经过长时间的发展，学徒制从封建社会的家庭作坊式的学徒制发展到现代的以企业和技能培养为核心的现代学徒制。根据历史发展的脉络，学徒制的发展大体上可以分为五个阶段。

以企业和技能培养为核心的新型学徒制

"双元制"职业教育模式成为职业教育改革的风向标，掀起新一轮研究与实践的高潮。

国家立法学徒制

机器大生产取代手工劳动，师徒关系向雇佣关系转化，国家立法对学徒制进行干预。

家庭作坊式的学徒制

师徒之间一般都会有直接的血缘关系，传授的主要是为了养家糊口的基本技能或者祖传的技术与秘方。

以职业教育为特点的现代学徒制

以学校为中心，通过学校实施职业教育和培训。学习内容不仅仅限于岗位知识和技能，还考虑学生（徒弟）的转岗能力和职业生涯发展。

基于契约规定的行会学徒制

学徒制纳入了行会管理的范畴，进而使得"学徒制从原来的纯私人性质向公共性质过渡"

20世纪60年代末

18世纪起

15世纪起

基于契约规定的行会

小作坊式生产时期

图 1 - 2　学徒制的发展五个阶段

一、家庭作坊式的学徒制

从人类的文明开始，职业教育的原始形态就已经存在，最早可以追溯到以家庭为单位的小作坊式生产时期，其主要形式为父母将养家糊口的基本技能手把手传授给有血缘关系的亲子与族人，师徒每天生活在一起，言传身教技术技能，为人处事、经营管理、职业道德等都一并得到了传承。在这一阶段，学徒制并没有形成完整的制度，对学徒也没有明确的学习时间、资格、方法等方面规定，基本上处于一个封闭的环境，很少与外界的交流，生产过程与学习过程完全融合，技术培训与道德教育并行，教学方式是手把手地教、耳濡目染地学，以模仿和试错为主，学习效率不高。

二、基于契约规定的行会学徒制

随着社会经济的发展，由于家庭成员有限，已经无法承担起作坊工作的需求，以家庭为单位的小作坊生产已经不能满足经济发展的需要。为了保障作坊的正常运转和发展，有些作坊不再局限于家庭成员，开始对外招徒弟。当技艺传承对象延伸到家庭成员以外，师傅与徒弟不再是简单的血缘关系，二者之间的关系就变得更为复杂。为了明确两者之间的关系，开始出现了以私人合约约束的契约式学徒制。此外，师徒通过私人合约的形式来约定双方的权利、义务关系。合约中除了明确师傅作为教师、徒弟作为学生分别应当承担的义务之外，还对师徒关系、学徒年限、满徒条件、待遇及违规惩罚、道德伦理等有了相应的规定。行会管理使学徒制的范畴从原来的纯私人性质向公共性质过渡，这是学徒制发展史上具有里程碑意义的事件。

三、国家立法学徒制

随着西方世界封建社会向资本主义社会发展中经济、社会、政治等方面都在不断变动激化，各类社会矛盾日益突出。15世纪以来，英国的"圈地运动"使行会控制下的手工业生产秩序受到了巨大冲击，整个经济社会结构产生了重大变革，城镇市场对手工匠人的需求日益渐增。从生产方式来看，逐步从以家庭作坊为主向手工工场为主转变，学徒成为劳动力，大量的廉价劳动力需求旺盛，流水线作业对工人的技术要求变得很低，追求的工匠精神的学徒制已经没有存在的土壤；从师徒关系来看，机器大生产取代手工劳动，师徒关系向雇佣关系转化；从教学过程来看，教学过程和功能被弱化，师傅常常不再参加生产的全过程，内部也进行了简单的分工，徒弟得到全面细致指导的机会大大减少了。由于上述原因，行会学徒制日益瓦解，师傅们开始违反行会的学徒制相关规定，招收更多的学徒，并且把他们作为廉价的劳动力。为此，师傅和徒弟之间的矛盾纠纷越来越多，学徒制迫切需要进行规范和调整。各国为了维护好经营秩序以及维持社会稳定，开始通过国家机器立法对学徒制进行干预。国家通过立法的手段干预和引导学徒制，维护手工业秩序、调处师徒纠纷、缓解社会矛盾。为规范学徒制度的实施，1562 年、1601 年英国分别颁布了《工匠、徒弟法》和《济贫法》规定"教区学徒制"，德国与 1733 年和 1794 年也颁布了保证行会特权的法令。

四、以职业教育为特点的现代学徒制

18、19 世纪技术的变革对职业技能的要求发生了很大的变化，两次工业革命接连致命打击了行会、国家立法学徒制。雇佣关系中产生的矛盾日益剧增，资本家通过雇佣劳动的方式剥削劳动者产生剩余价值，民主意识开始觉醒，民众对享受正规教育要求的呼声日益高涨。在这样的背景下，作为职业教育的一种特殊的人才培养模式应运而生，一些针对特定技术的专业培训也逐步发展，职业教育理论也得到了飞速发展，学校教育的功能从纯粹的学术教育扩展到职业教育。这一阶段的学徒制以学校为中心，不仅传授位知识和技能，并通过实施职业教育和培训培养学徒的转岗能力和职业生涯发展。

五、以企业和技能培养为核心的新型学徒制

以学校为中心的学徒制人才培养模式遭遇"学校热企业冷"的尴尬境遇，学徒制人才培养流于形式。一些职业教育与实际工作相脱离，一些职业教育课程变得"学问化""理想化"，职业教育受到了教育界、企业界以及各方面的质疑，迫切需要改革。

20 世纪 60 年代末，第二次世界大战后的德国为恢复本国经济发展，以法令的形式推进并确立了"双元制"职业教育模式，推动国家经济高速发展并迅速超越英国和法国，巨大的成功引起全球各界对学徒制开始重新思考并研究效仿，期待以学徒制教育促进本国经济发展。现代学徒制一时间被称为高技能人才培养的新范式。由此，学徒制得到重生，成为职业教育改革的风向标，掀起新一轮研究与实践的高潮。

六、发达国家现代学徒制模式特点

随着经济全球化的迅猛发展，各国为了解决本国技术人才短缺、解决适龄工人失业等问题，保持竞争中的经济、技术和人才优势，很多国家在吸收传统学徒制优点的基础上，融合现代职业教育和企业人才需求特点，大力发展现代学徒制，并作为国家重大发展战略加以推动。世界各国纷纷开展了新的学徒制改革，根据各自国家的不同体制和发展背景，形成了具有各自特点的教育模式，基本建立了较为完善的现代学徒制体系。2012 年现代学徒制一时间成为欧盟职业教育改革的风向标，被称为高技能人才培养的新范式。

西方国家的与本国现代经济社会发展相吻合的现代学徒制呈现出了多元化的发展趋势，给我国现代学徒制的研究与发展提供了很多成功案例。本文选取部分典型国家的立法职责、培养体系、实施手段、培养方式等来介绍现代学徒制。

表 1-1　发达国家现代学徒制特点比较

国别	主导形态	主要法律支撑	经费支持	特点
德国	企业为主、学校为辅	《职业教育法》	政府承担培训学校成本 政府资助跨企业培训中心 企业承担内部培训成本 企业支付学徒工资	利益均衡机制 行业组织培训 企业与学校分工明确 学徒职业发展路线清晰
美国	企业为主、学校为辅	《国家学徒制法案》	企业（雇主）提供培训经费 政府提供资金作为补助 企业支付学徒工资	由企业或雇主发起 学徒筛选十分严格 与升学机制有效衔接 完成培训后出路多、薪酬高
英国	行业、企业为主、学校为辅	《学习与技能法》《学徒制、技能、儿童与学习法》	政府承担培训成本 向企业征收学徒税 学术与技术委员会分担部分经费 企业通过培训机构获得政府经费 企业支付学徒工资	明确实施学徒制责任部门 成本分担机制 准市场机制 经费划拨的公益性 企业投入意愿较低 学徒达到一定等级可获得相应学士学位

续表 1 - 1

国别	主导形态	主要法律支撑	经费支持	特点
澳大利亚	政府主导	《职业教育与培训管理法案》	政府拨款资助 企业支付学徒工资	需要注册认定 所有产业有相应的"培训包" 培训内容以能力为重点 80%左右的时间在企业参加技能学习
日本	企业主导与学校主导并存	《职业能力开发促进法》	企业承担培训经费 政府拨款作为补助金 企业支付学徒工资	职业教育覆盖面广 职前职后教育的连续性强 人才培养方式多样化

1. 德国"双元制"模式

德国作为传统的工业强国，职业教育的蓬勃发展为其提供了有力的支持。随着德国人口下降、人口老龄化趋势明显以及生产技术迅速发展和职业教育社会认可度降低等原因，德国对职业教育培训进行了新规定。"双元制"首先出现在德国《职业教育法》中，经过不断发展已成为德国现代学徒制的特色。为了满足新时期职业教育发展的需要，德国政府于2019年底正式颁布了《职业教育法》修订案，并于2020年1月1日起正式生效实施。

德国的"双元制"模式被誉为世界学徒制的"典范"，被世界各国争相学习、效仿。"双元制"强调"利益协调"，依托"职业培训条例"和"框架教学计划"两个条例以企业为主学校为辅开展教学培训，基于学校和企业的不同分别制定学习计划和任务，校企共同承担起规划、实施和改善的责任。

即整合所有相关利益相关者的利益。这种模式的主要特点是专业性第一原则、利益平衡的合作机制、企业参与度高、标准体系相对完善。德国"双元制"的典型做法是：企业发放见习岗位、面试报名、行业协会学徒注册。

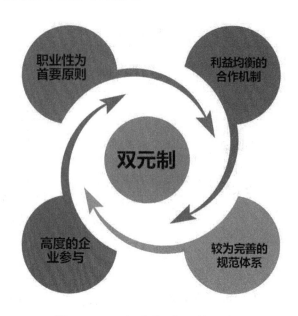

图 1-3 双元制"主要的特点

所谓"双元制",是指学徒制在学校和企业两个地方完成,在这两个地方学习的时间和任务不一样,其中企业是主体,学校是辅助。全国统一的《职业培训条例》由行业组织制定,"框架教学计划"由教育主管部门制定。德国的"二元制"模式,即整合所有相关利益相关者的利益。在双重制度的实施过程中,所有利益相关者共同承担规划、实施和改进的责任。企业通过各渠道发布学徒岗位,学徒经过面试后在对应的行业协会和职业学校注册。在培训学习过程中,每月大半时间在企业培训,其余时间在学校学习,通过中期及毕业考核后取得学徒证书即完成学徒制的培养。

德国在 2020 年实施的《职业教育法》修订案中,对现代学徒制进行了进一步完善。一是明确了双元制学徒的生活保障,从法律的角度保障学徒应该获得的最低报酬,以提高双元制职业教育对学徒的吸引力,缓解企业与学徒之间的利益关系冲突;二是拓宽了双元制职业教育与其他阶段教育的通融性,明确职业教育毕业者的学习成果可以折算为更高层级教育的考试成绩,同时还规定双元制教育之外的学校毕业生、具备实际工作能力者和现役、退役军人都可以参加职业教育的毕业考试,考试通过的由行业组织颁发职业文凭或资格证书;三是明确了学习者(学徒)在学习过程中享受学习物资保障、在外培训权益等,并修改了劳动保护、劳动促进、法定医疗、养老保险等相关内容;四是不断推进"职业教育 4.0"进程,提出了"适应未来数字劳动专业人才资格与能力"的倡议,提高学习者和教学者的数字技术能力,以适应"工业4.0"进程。

2. 美国的注册学徒制

美国作为当前世界上最为发达的国家,对现代学徒制也高度重视。1937年,美国颁布了《国家学徒制法案》,2008年重新进行了修订;2017年6月15日,美国总统特朗普发布了《关于"扩大学徒计划"》。注册学徒制是美国劳动部的学徒计划,该计划的目标是为企业提供满足专业技能要求的专业技术人才。注册学徒制是指学徒制的发起者必须向美国劳工部或各州相应的事务部门申请注册,以获得相应的资格和权益保障;经过注册的学徒,按照培训计划完成理论知识和生产技能训练,并参加规定时间的生产劳动,达到规定要求后,才能获得相关的资格证书,进而得到就业机会或进入更高层次的学校继续学习。

美国注册学徒制自推行以来,已经覆盖了850多个行业或职业,经过长期的实践完善,已经形成了独具特色的学徒制培训机制,其主要特点包括:一是权责分明的合作培训。注册学徒制由雇主或雇主联盟发起,高等院校参与。企业雇主负责学徒制的规划、管理,为学徒提供足够的实践课程,并负责提供相应的经费支持;高等院校负责提供理论教育课程。实践课程和理论知识相互错开,企业也不得占用学徒工的理论学习时间,确保实践和理论学习都得到充足的学习培训。二是在学徒筛选上十分严格。学徒制的发起者为了确保学习培训能够达到预期效果,在学徒的准入方面制定了严格的标准,各种标准根据不同的行业、职业会有所不同,但是通常都会涵盖年龄、受教育水平、资质和身体状况这几个方面。三是有效衔接的升学机制。美国建立了"注册学徒计划—院校联盟",在这个联盟中,完成注册制学徒培训计划的学徒可以在联盟中的任一所学校申请继续就读,以获得更高级别的学位,而且学徒期间的在职经验和职业培训成果可以转换为大学的学分。这个联盟使得企业和院校的结合更加紧密,为学徒完成培训后提供了更多的出路。四是工作保障稳定。因为注册学徒制是有企业或企业联盟发起的,学徒在完成学习培训后一般能够找到合适的工作,而且在薪资方面也比较好,完成学徒制培训的人就业后平均薪资,要比那些没有接受过培训的人的薪资高出接近1倍。五是有强大的经费支持。美国注册学徒制的经费来源主要由两个方面:以企业雇主提供为主、政府补助为辅,学徒在学校培训期间的薪酬由企业根据其工作的熟练程度支付不等的薪资，以解决学徒生存、生活上的经济问题；而政府部门提供的资金补助，旨在推动和保障注册学徒制的持续推进。

3. 英国现代学徒制体系

英国作为老牌资本主义国家，其学徒制的发展历史悠久，特别是工业革命以来，通过一系列的政策改革，现代学徒制的机构和运行机制不断完善，形成了较为完善的现代职业教育体系，有力促进了本国经济社会发展。

表 1-2　英国现代学徒制发展历程

时间	颁布文件	内容
2000 年	《学习与技能法》	成立相应的委员会负责成年人的职业技能提升和再就业技能培训等工作
2009 年	《2020 年宏伟目标：世界一流技能和工作》	提出 2020 年整体国民技能水平要达到世界前 8 位
2009 年	《学徒制、技能、儿童与学习法》	改革培训管理体系
2017 年	《学徒制问责声明》	搭建新学徒制治理体系，明确了责任部门

2010 年以来，英国政府以"公平""责任共享"等理念为指导，持续推进现代学徒制发展。英国现代学徒制的主要做法和特点包括：一是鼓励企业积极参与。现代学徒制是校、企双主体共同参与的人才培养模式，英国不仅支持大型企业参与学徒制，也采取措施支持和鼓励中小型企业参与学徒制，并且不断向新兴产业过渡。二是行业企业占主导地位。在学徒制培训中，企业自始至终参与到学徒制的全过程，开始阶段企业以工作需求为导向开发培训项目，提出学徒培训建议，制定以产业标准和能力考核标准并参与考核。三是拓宽培训经费渠道。英国现代学徒制的成本主要包括培训费用和学徒工资，其中企业（雇主）支付学徒的工资，政府会为完成学徒制框架的必须培训提供经费，其他额外增加的培训则需要培训机构或雇主自己承担。2017 年开始，英国政府开始实施征收学徒税，对每年薪资支付超过 300 万英镑的企业征收年支付账单的 0.5% 作为学徒税。英国政府规定，学徒制分为中级、高级和高等学徒制，达到国家六级资格的学徒，可以获得相应的

学士学位，达到国家七级资格的学徒，可以获得相应的学士学位，颁发正规大学的学位证书。

4. 澳大利亚的"新学徒制"模式

澳大利亚的新学徒制是结合就业与教育改革而产生的，其目的是为了帮助青年人、学习辍学者和失业者重返劳动力市场。新学徒制是一种将受训生融入传统学徒制的新体制，学徒通过考核后取得全国认可的学历资格证书。

澳大利亚新学徒的特点主要有：一是政府主导。澳大利亚设立有"国家培训署"及国家产业技能委员会，政府通过颁布法律、制订政策等方式，调控、指导新学徒制发展的方向。教育部门拨款资助职业院校，并对职业院校进行管理。企业和雇主按照政府标准认定后再当地培训部门进行注册后与学徒签订合同。政府还会对企业或雇主进行培训质量的监控，以保证培训的实施质量。二是培训项目和依据明确。培训机构根据政府出台的资格框架、培训包和培训质量框架对学徒进行培训，学徒学习"培训包"后可获得国家认可的学历。三是培训内容以能力为重点。在培训中注重学徒的时间技能培训，在整个学徒制培训期间，学徒大约有80%左右的时间在工作场所参加技能的学习与锻炼，只有20%左右的时间在学校进行理论学习。四是培训方式灵活。企业和学徒都可以根据自身情况在各地选择不同内容、不同时间和不同培训方式的职业技能培训。学徒既可以是岗前培训，也可以按照半工半读的方式提升自身技能。

表1-3 澳大利亚现代学徒制发展历程

时间	内容
1990 年	颁布《培训保障法》，明确规定雇主培训雇员的义务和职责
1992 年	成立了国家培训局
1996 年	涵盖职业教育、高中教育和高等教育所有职业资格证书和学历证书在内的"资格框架"，建立了统一的资格证书体系
1998 年	在全国范围内实施"新学徒制"
2010 年	制定了《职业教育与培训管理法案》，进一步完善了新学徒制的体系

5. 日本的现代学徒制模式

日本是我国的邻邦，很多文化和技术都源于我国，其文化底蕴很多地方也和我国相似。作为战败国，日本能够在第二次世界大战后快速恢复经济并跃进到经济强国的行列，其体系完整、功能完善的职业教育功不可没。1958年，日本政府颁布了《职业训练法》，并对其进行了多次论证修改后颁布了《职业能力开发促进法》，从法律上明确规定开发劳动者的职业能力为企业家所应尽的义务，同时鼓励劳动积极主动地参与职业能力的开发与提高。

日本将儒家文化及日本传统文化中的忠诚和勤劳融入学徒制，形成了具有日本特色的"现代学徒制"，实现了从解决生产力到提高生产者能力和素质的质的飞跃。日本现代学徒制占主导地位的角色不固定，既有学校占主导地位的职业教育，也有企业占主导地位的占主导地位的企业教育，还有以社会保障占主导地位的公共社会训练。

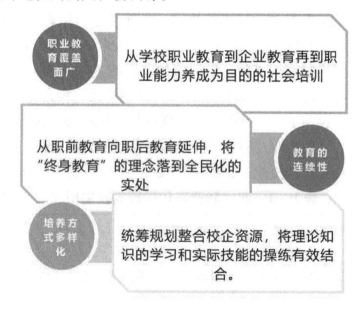

图 1-4　日本现代学徒制的特点

第三节　总结与启示

国外的现代学徒制起步早，经过长时间的摸索和实践总结，在现代学徒制理念和模式方面积累了丰富的经验，对职业教育的教学质量、办学水平和专业技术人才的培养质量等都起到了很大的提升作用,为经济社会发展提供了大批人才。我国现代学徒制虽然起步较晚,但是在国家大力倡导、支持发展职业教育的新形势下,正在借鉴西方现代学制的建设经验,结合我国特有的国情,不断完善现代职业教育体系,奋力探索现代学徒制的新路子。从中外现代学徒制来进行比较,国外发达国家现代学徒制已经发展到比较成熟的阶段,而我国正处在全面深化改革的关键期,现代学徒制的探索和实践还处于基础阶段。

一、法律保障体系完善程度不同

现代学徒制的发展,离不开法律的保障。西方国家经过多年的探索与实践,出台了许多相关的法律政策,已经建立起了相对完备的政策法律法规体系,为现代学徒制的发展提供了有力的法律保障。德国在 1969 年制定了《职业教育法》,其后又多次修订完善,最近于 2019 年进行了修订,以满足新时期职业教育发展的需要。美国的《国家学徒制法案》、英国的《学徒制、技能、儿童与学习法》、澳大利亚的《职业教育与培训管理法案》和日本的《职业能力开发促进法》,等等,都是专门的现代学徒制法案,通过这些法律,明确了现代学徒制的法律地位,将对学徒的培养教育、日常管理、考核评价,以及与雇佣者的权利和义务都写入了国家的法律范围之内,有力推动了现代学徒制的发展。

近 20 年来,我国的职业教育在立法方面也取得了很大的突破。初步建立了以《职业教育法》为主体,以各部门规章和地方法规为配套的职业教育法律体系,为我国现代学徒制发展走上法制化、规范化、科学化的道路提供了重要的法律保障。尽管近 10 年来政府陆续出台了《国务院关于大力推进职业教育改革与发展的决定》等一批重要的职业教育规范性文件,但是截至目前,我国并没有出台专门的关于现代学徒制的法律。

二、管理体制不同

现代学徒制的发展离不开规范化的管理。国外发达国家在推动现代学徒制的过程中,大多建立了相应的管理机构,对现代学徒制的开展予以管理和监督,使得学徒制从政策层面和操作层面上都能够规范化。德国"联邦职业教育机构(BIBB)"、瑞士的"职业教育与技术署"(BBT)、英国"商业、技能与创新部"、澳大利亚的"国家培训局"等，对现代学徒制采用分级管理、条块结合的方式进行管理。国家层面通过最高职业教育管理机构，对现代学徒制发展中具有共性的、重大的问题制定政策，并进行指导与协调；各地行业协会对学徒制项目进行开发与规划；地方教育部门和行业组织对现代学徒制施行具体管理，在培训业务、财政拨款、职业学校等方面享有充分的自主权；具体到操作层面，则由企业和相关职业院校、教育机构联合执行。这样的制度，让各方都能在较为完善的制度约束下，按照各自的利益诉求，形成利益相对均衡的合作机制，共同推动学徒制的开展。

我国的职业教育管理体制属于政府主导型，职业教育管理和发展的决策权在中央，在国务院的领导下，地方政府都设有不同级别的职业教育管理机构，各级各类职业院校也全部按行政隶属关系置于办学部门的直接管理之下，总体上是以政府统筹为主，学校积极参与，学校基本上没有独立办学的能力。在管理体制方面，我国当前的职业教育和培训主要由教育部、人力资源和社会保障部和地方政府共同管理，这种多方共管的局面虽然调动和发挥了多方面的积极性，但也存在职能交叉、政策不一、管理分散、资源浪费等问题。此外，由于国务院不同组成部门的职业院校体系与职业培训各自为政的问题也比较突出，不利于现代学徒制的长远发展。在调动各方参与上，由于受到管理体制的影响，学校的自给性和主动性受到限制，不能很好地发挥出来。而且，相对应的行业协会基本上也没有参与到学徒培训的管理中来，不能参与培训的决策、监督与评价。行业协会作为企业的上级部门，这种状况势必影响企业参与学徒培训的积极性，也造成部分企业参与后的随意性和无约束性。

三、培养对象范围不同

西方发达国家随着现代学徒制的发展，企业参与面广，越来越多的行业参与到其中，覆盖的学徒（学生）也越来越多。英国等国家现代学徒制的培训对象范围越来越广，包括了青年学徒制、前学徒制、学徒制、高级学徒制、高等学徒制等在内的培训体系，呈现出明显的阶梯化特征。澳大利亚、加拿大等国也将现代学徒制不断推向新的职业领域。在这种形势下，参与现代学徒制培训的学生越来越多，最初主要面向男学生的传统学徒制也逐步被越来越多女性学员参与的现代学徒制所替代。随着西方发达国家义务教育全面推行，参与现代学徒制培训的学徒起始年龄几乎不受限制，所有完成了义务教育的人都可以参与其中，现代学徒制参与人员结构已发生巨大变化。

我国的现代学徒制由于起步较晚，相较西方发达国家，我国的培训体系还不完善，因而在培养的对象上也有待进一步拓展。从 2015 年教育部遴选 165 家单位作为首批现代学徒制试点单位和行业试点牵头单位开始，共开展了三批 562 个现代学徒制试点；2019 年 5 月 14 日，教育部办公厅印发《关于全面推进现代学徒制工作的通知》，要求全面推进现代学徒制。在我国现代学徒制试点中，当前仍然是以高职院校部分专业和部分行业为主，尚未建立起覆盖初、中、高三级职业教育的体系，培训对象仍然以高职院校在校学生为主，范围仍然有待继续扩大。

四、课程培训体系的完备程度不同

课程培训体系是现代学徒制的核心，科学合理的课程培训体系关系到现代学徒制质量的高低。为了保证现代学徒制的教育与培训质量，西方发达国家的现代学徒制中，大多制定有统一规范的教育培训标准，比如：德国的《框架教学计划》和《职业培训条例》、英国的《学徒制框架》、澳大利亚的《培训包》等，都是全国统一制定学徒制培训标准，由国家发布实施。

在现代学徒制中，西方发达国家都比较重视对学徒基本素质的培养，保证其基础理论和通用技能有一定的培训时间，其目的在于保证学徒能够学到更广泛的职业技能，从而为技术和职业变化做好准备。同时，西方发达国家现代学徒制一般都与国家职业资格体系相融通，努力将普通教育与现代学徒制进行整合，转变大众对现代学徒制的看法。越来越多的国家为现代学徒制学员开辟继续接受普通教育的渠道，承认学徒制与普通教育具有同等的地位，促进学徒拥有多元的职业生涯发展道路。学徒在完成学业之后，拥有相关职业资格，使其在本行业找工作时拥有相对优势；也可以到进行高层级深造。

我国现代学徒制改革试点以来，各地结合学校特色和专业特点，在课程体系设置和人才培养方案等方面进行了大量有益的探索，形成一批成果。但是未能根据现代学徒制的内涵，从更高的层面去突破学校本位和知识本位的壁垒，在专业设置、课程体系、人才培养方案及教学标准等方面，未能真正做到与产业需求对接、与职业标准对接、与国家发展战略相适应，也导致了人才培养上无法适应行业企业发展需要和经济社会转型需求。此外，企业在现代学徒制人才培养中的话语权不足，一些合理化建议和需求未能融入到课程体系建设中去。这些问题，都需要在今后现代学徒制发展的过程中加以重视和改进。

五、社会认可程度不同

社会认可程度是现代学徒制发展的重要驱动力。国外发达国家的学徒（学生）普遍得到企业和社会的高度认可，其学习培训的经历作为其能力水平的评定，对其就业或者从事更高层级的学习都有很大的帮助。如：英国学徒制在培训时间上，必须保障有 30% 的脱产时间，其学徒等级对应国家职业资格等级，达到相应等级的，还可以获得相应的学士学位，得到正规大学的学位证书；在德国，学生（学徒）一旦通过考核，将获得相应等级的资格证书，该证书能够在本行业内畅通无阻，得到企业的认可；在美国，因为注册学徒制是由企业或企业联盟发起的，学徒在完成学习培训后能够找到合适的工作，而且在薪资方面也比较好；在日本，一些著名的大企业如松下、日立、丰田等，甚至都办有直接为自己企业输送专门人才的大学，没有办学条件的中小企业也都纷纷和大学联手对企业员工进行各类培训来提高竞争力，学生（学徒）十分受欢迎。

在我国，随着国家对职业教育的重视，职业教育得到各方面的肯定和支持，也有越来越多的企业主动参加到现代学徒制中来，与高职院校携手培养专业技术人才。但不可否认的是，"人才等于高学历"的观念仍然不同程度地存在，学历高往往与单位好、收入高、社会地位高联系在一起，文凭往往会成为一些企业事业单位入门的"拦路虎"。20 世纪 90 年代以来，我国高等教育开始向大众教育转变，高校招生规模急剧扩张，高等教育入学门槛不断下降，越来越多的中学毕业生选择了接受高等教育，而职业技术学校等职业教育，面临生源困境。此外，职业教育和高等教育之间的衔接不畅通，学生选择中等职业学校之后，很难继续升学，获得高等职业学校的教育，缺少上升和进步的空间，进一步降低了学生就读职业学校的积极性，很多家长也不乐于将孩子送到职业技术学校，直接影响了职业教育的社会基础。

表1-4 中外现代学徒制比较

区分	国内	国外
法律体系	出台有相关法律，并正在修订完善。但部分有利于促进现代学徒制发展的部分规定由规范性文件或部门规章所规定，法律层级和完整性有所欠缺	出台有专门的法律并及时修订完善；法律保障体系比较完备，囊括了现代学徒制各方的责、权利。
管理体制	国家相关部门和地方政府共同管理，充分调动了各方的积极性，但存在各自为政的问题，行业协会的作用也未能充分发挥	大多建立由现代学徒制的专门管理机构，统一规划、管理相应职业教育事务
培养对象	通过部分高职院校和行业进行试点后，正在全国全面推开。培养对象以高职院校学生和企业工人为主	覆盖中学生以上各年龄段的培训。年龄限制逐步放宽。
课程体系	以试点中院校或行业的特色和专业设置课程体系，相对比较单一	制定有比较完备的课程体系，包括理论学习课程体系和实践技能训练课程体系
社会认可度	社会认可程度不断提升。相较于接受高等教育仍有差距	社会认可，收到各方欢迎

第二章

现代学徒制及实现途径

第一节　现代学徒制概述

现代学徒制有利于促进行业、企业参与职业教育人才培养全过程，实现专业设置与产业需求对接，课程内容与职业标准对接，教学过程与生产过程对接，毕业证书与职业资格证书对接，职业教育与终身学习对接，提高人才培养质量和针对性。建立现代学徒制是职业教育主动服务当前经济社会发展要求，推动职业教育体系和劳动就业体系互动发展，打通和拓宽技术技能人才培养和成长通道，推进现代职业教育体系建设的战略选择；是深化产教融合、校企合作，推进工学结合、知行合一的有效途径；是全面实施素质教育，把提高职业技能和培养职业精神高度融合，培养学生社会责任感、创新精神、实践能力的重要举措。

一、现代学徒制的总要求

2018年9月10日，习近平总书记在全国教育大会上发表重要讲话，站在新时代党和国家事业发展全局的高度，深刻总结了党的十八大以来我国教育事业发展取得的显著成就，深入分析了教育工作面临的新形势新任务，科学回答了关系我国教育现代化的几个重大问题，对当前和今后一个时期教育工作作出了重大部署，为加快推进教育现代化、建设教育强国、办好人民满意的教育指明了前进方向、提供了根本遵循。2019年5月14日，教育部办公厅印发《关于全面推进现代学徒制工作的通知》，对全面推进现代学徒制提出了总要求：以习近平新时代中国特色社会主义思想为指导，全面贯彻党的教育方针，落实立德树人根本任务，深化产教融合、校企合作，健全德技并修、工学结合的育人机制和多方参与的质量评价机制，深入推进教师、教材、教法改革，总结现代学徒制试点成功经验和典型案例，在国家重大战略和区域支柱产业等相关专业，全面推广政府引导、行业参与、社会支持、企业和职业学校双主体育人的中国特色现代学徒制。

二、现代学徒制的内涵

中国现代学徒制度的发展，离不开中国特色社会主义建设这个大背景。"培养什么样的人、怎样培养人、为谁培养人""办什么样的教育、怎样办教育"等重大问题，是现代学徒制发展中必须回答的几个问题。我国现代学徒制的发展，既要马克思主义教育理论，又要体现中国国情；既要坚持社会主义教育基本原则，又要借鉴了人类文明优秀成果；既要继承我国教育优良传统，又要具有鲜明的时代特征，才能有力推动了中国特色社会主义现代学徒制的蓬勃发展。中国特色社会主义现代学徒制的内涵，包括以下几个方面的内容。

一是坚持党的领导。要求坚持党对现代学徒制事业的全面领导，明确党是领导中国现代学徒制发展的核心力量。这是中国特色社会主义教育制度的最大优势，是办好现代学徒制的根本保证。

二是坚持把立德树人作为根本任务。它继承和发扬了中华民族崇德的传统，突出了教育的主责主业，把社会主义核心价值观教育融入立校办学、育人育才全过程，树立正确的世界观、人生观、价值观，培养社会主义合格建设者和可靠接班人。

三是坚持优先发展教育事业，作为推动党和国家事业发展的重要先手棋，它隐含了教育先行的思想，对加快教育现代化、建设教育强国做出总体部署和战略设计，以适度超前的教育现代化 2035 战略支撑国家现代化，不断使教育与党和国家事业发展的要求相适应、与人民群众的期待相契合、与国家综合实力和国际地位相匹配。

四是坚持社会主义办学方向，就是要坚持以习近平新时代中国特色社会主义思想为指导，全面贯彻党的教育方针，把思想政治工作贯穿教育教学全过程，实现全员育人、全过程育人、全方位育人，为学生一生成长奠定良好的思想基础，使他们成为德才兼备、全面发展的人才。

五是坚持扎根中国大地办教育，就是要体现中国特色。只有扎根中国才能更好地走向世界，加强中华优秀传统文化教育、革命文化教育、社会主义先进文化教育，努力为中国人民服务，为中国共产党治国理政服务，为巩固和发展中国特色社会主义制度服务，为改革开放和社会主义现代化建设服务。

六是坚持以人民为中心发展教育，就是要把办好人民满意的教育作为初心和使命。它体现了教育为人民服务的宗旨，坚持人民主体地位，把人民对美好生活的向往作为奋斗目标，依靠人民创造历史伟业。其核心要义是落实一切为了人民，一切依靠人民，一切成果由人民共享。让每个孩子享有受教育的机会，让全国人民享有更好、更公平的教育，让人民群众有更多获得感、成就感、幸福感，不断满足人民日益增长的优质多样的教育需要。

七是坚持深化教育改革创新，就是要冲破思想观念的束缚、突破利益固化的藩篱，坚决破除各方面体制机制弊端，解放和激发内在活力，增强教育发展动力，使我国教育越办越好、越办越强。

八是坚持把服务中华民族伟大复兴作为教育的重要使命，就是要把建设教育强国作为中华民族伟大复兴的基础工程。重视教育才能赢得未来，我们要培养实现中华民族伟大复兴中国梦的有理想、有本领、有担当的时代新人。

九是坚持把教师队伍建设作为基础工作，就是要落实教育大计，教师为本，体现兴国必先强师理念，把教师作为教育发展的第一资源，把教师工作置于教育事业发展的重点支持战略领域。优先谋划教师工作，优先保障教师工作投入，优先满足教师队伍建设需要，大幅提升教师综合素质、专业化水平和创新能力，以"四有好老师"为目标，做好学生发展的"引路人"，形成优秀人才争相从教、教师人人尽展其才、好教师不断涌现的良好局面。

三、现代学徒制的工作重点

一是招生招工一体化。校企共同制订和实施招生招工方案，规范招生录取和企业用工程序，推进招生招工同步、先招工后招生、先招生后招工，明确学徒的企业员工和职业学校学生双重身份，保障学徒的合法权益。

二是标准体系建设。按照专业设置与产业需求对接、课程内容与职业标准对接、教学过程与生产过程对接的要求，校企共同研制高水平的现代学徒制专业教学标准、课程标准、实训条件建设标准等相关标准，做好落地实施工作。在开展现代学徒制的专业率先实施"学历证书 若干职业技能等级证书"制度试点。

三是双导师团队建设。推广学校教师和企业师傅共同承担教育教学任务的双导师制度，校企分别设立兼职教师岗位和学徒指导岗位，完善双导师选拔、培养、考核、激励等办法，加大学校与企业之间人员互聘共用、双向挂职锻炼、横向联合技术研发和专业建设的力度，打造专兼结合的双导师团队。

四是教学资源建设。充分利用生产性实习实训基地、技能大师工作室、工程技术研究中心、协同创新中心等，发挥校企双方的场所、设备、人员优势，共同开发一批新型活页式、工作手册式教材并配套信息化资源，及时吸纳新技术、新工艺、新规范和典型生产案例，形成共建共享的教学资源体系。

五是培养模式改革。坚持德技并修、工学结合、知行合一，按照企业生产和学徒工作生活实际，实施弹性学习时间和学分制管理，育训结合、工学交替、在岗培养，积极探索三天在企业、两天在学校的"3 2"培养模式，着力培养学生的专业精神、职业精神和工匠精神，提升学生的职业道德、职业技能和就业创业能力。

六是管理机制建设。健全与现代学徒制相适应的教学管理与运行机制。校企协同制定现代学徒制专业人才培养方案，并由学校党委会审定。校企共同分担人才培养成本，完善教学运行与质量监控体系，规范人才培养全过程。

四、现代学徒制的工作内涵

一是积极推进招生与招工一体化。招生与招工一体化是开展现代学徒制工作的基础。我国现代学徒制要求要积极开展"招生即招工、入校即入厂、校企联合培养"的现代学徒制试点，加强对中等和高等职业教育招生工作的统筹协调，扩大院校的招生自主权，推动院校根据合作企业需求，与合作企业共同研制招生与招工方案，扩大招生范围，改革考核方式、内容和录取办法，并将院校的相关招生计划纳入学校年度招生计划进行统一管理。

二是深化工学结合人才培养模式改革。工学结合人才培养模式改革是现代学徒制的核心内容。要求选择适合开展现代学徒制培养的专业，引导职业院校与合作企业根据技术技能人才成长规律和工作岗位的实际需要，共同研究人才培养方案、开发课程和教材、设计实施教学、组织考核评价、开展教学研究等。校企应签订合作协议，职业院校承担系统的专业知识学习和技能训练；企业通过师傅带徒形式，依据培养方案进行岗位技能训练，真正实现校企一体化育人。

三是加强专兼结合师资队伍建设。校企共建师资队伍是现代学徒制工作的重要任务。现代学徒制的教学任务必须由学校教师和企业师傅共同承担，形成双导师制。要求促进校企双方密切合作，打破现有教师编制和用工制度的束缚，探索建立教师流动编制或设立兼职教师岗位，加大学校与企业之间人员互聘共用、双向挂职锻炼、横向联合技术研发和专业建设的力度。合作企业要选拔优秀高技能人才担任师傅，明确师傅的责任和待遇，师傅承担的教学任务应纳入考核，并可享受带徒津贴。院校要将指导教师的企业实践和技术服务纳入教师考核并作为晋升专业技术职务的重要依据。

四是形成与现代学徒制相适应的教学管理与运行机制。科学合理的教学管理与运行机制是现代学徒制工作的重要保障。要求切实推动院校与合作企业根据现代学徒制的特点，共同建立教学运行与质量监控体系，共同加强过程管理。指导合作企业制定专门的学徒管理办法，保证学徒基本权益；根据教学需要，合理安排学徒岗位，分配工作任务。院校要根据学徒培养工学交替的特点，实行弹性学制或学分制，创新和完善教学管理与运行机制，探索全日制学历教育的多种实现形式。院校和合作企业共同实施考核评价，将学徒岗位工作任务完成情况纳入考核范围。

五、近十年中国特色现代学徒制政策（2010—2020年）

我国传统学徒制历史悠久，对现代学徒制的重视倡行较早。2010年前的相关政策提出的"半工半读"职教形式可以说是现代学徒制的过渡阶段。2010年《国家中长期教育改革和发展规划纲要》提出尝试建立"促进校企合作制度化""两种教育制度、两种劳动制度"，即"半工半读的学校教育制度和半工半读的劳动制度"，要在完善现代职业学校教育的同时，建立有中国特色的现代学徒制度。

2011年，教育部发布《关于推进高等职业教育改革创新 引领职业教育科研发展的若干意见》，在国家部委出台的政策文件中首次提出了"现代学徒制"这一名称；2011 年，召开了全国职业教育改革创新国家试点推进会，会上正式提出了要开展现代学徒制试点工作，明确了在实践教学环节中采用"师带徒"的形式，通过职业院校与企业在政府的引导下密切合作，共同培养具有较强实践技能和必要理论知识的人才。

党的十八大以来，随着各项改革不断深入，我国逐步由制造业大国向制造业强国迈进。在国内外市场环境、制造产业格局、经济发展趋势、科技水平及发展趋势等众多因素的快速变化中，我国提出了"中国制造 2025"、锻造大国工匠等一系列发展战略，要求坚持创新驱动、智能转型、强化基础、绿色发展，加快从制造大国转向制造强国。经济快速发展和发展方式转变，导致我国对高新技术人才的需求不断增加，人才供需矛盾不断显现。在此背景下，我国现代学徒制得到了大力推动。

2014 年，国务院发布《国务院关于加快发展现代职业教育的决定》（国发〔2014〕19 号）文件，进一步要求"开展校企联合招生、联合培养的现代学徒制试点，完善支持政策，推进校企一体化育人"，明确要求"把握现代学徒制试点工作的内涵"。我国现代学徒制开始从非正式探索阶段进入到国家试点的实践阶段。2014 年 8 月，教育部下发《关于开展现代学徒制试点工作的意见》，深刻阐述了现代学徒制的重要作用以及建立现代学徒制的重要意义，标志着我国现代学徒制试点工作进入了实质推进阶段。2015 年 8 月 5 日，教育部遴选首批现代学徒制试点单位和行业试点牵头单位，标志着我国现代学徒制的正式起步；2015 年，教育部、财政部等部委联合或单独发布多项配套文件，如《教育部关于深入推进职业教育集团化办学的意见》（2015 年）、《职业院校管理水平提升行动计划（2015－2018 年）》（2015 年）、《高等职业教育创新发展行动计划（2015－2018 年）》（2015 年）等，对深化职业教育体制机制改革提出了具体要求；2017 年 8 月 23 日，教育部确定第二批现代学徒制试点单位；2018 年 8 月 1 日，教育部确定第三批现代学徒制试点；2019 年 5 月 14 日，教育部办公厅印发《关于全面推进现代学徒制工作的通知》，要求全面推进现代学徒制，现代学徒制在我国得到了快速、全面推进。

第二节　现代学徒制实现途径与方法

一、人才培养模式的改革与实践

（一）我国现代学徒制试点人才培养模式的内涵

2014 年国务院下发《关于加快发展现代职业教育的决定》（以下简称《决定》），明确提出我国现阶段职业教育的人才培养目标是"培养数以亿计的高素质劳动者和技术技能人才"，因此现代学徒制人才培养目标的普遍性在于——高素质劳动者和技术技能人才。现代学徒制的根本特征是校企共同育人，学生在校要接受基本的通识教育、专业理论知识教育、企业文化知识，在企业应接受专业技能、工作岗位技能和跨职业技能（职业群或转岗所需技能）的学习，另外还需要培养学生人文知识素养、职业道德素养以及特定的职业精神等，因此可以说现代学徒制人才培养目标的特殊性在于，其培养出来的人才不仅具备专业理论知识，并且专业技能与岗位对接紧密。随着"工业4.0"和"中国制造2025"的到来，产业面临转型和升级，社会对人才的需求发生了改变，培养适合社会发展需求的人才是现代学徒制人才培养目标总的方向。结合现代学徒制人才培养目标的普遍性和特殊性，可以将其培养目标定位为：高素质、高技能的复合型专业人才。

根据上面所提出的现代学徒制所培养出的人才的特殊性在于不仅具备基本的理论知识，其专业技能与岗位紧密对接，毕业后不需要二次培训就可以正式工作的高素质技术技能型人才，因此其课程需要结合职业标准和学校毕业标准两方面的要求来开发，根据学校、企业的不同情况，结合"项目化课程""双元课程"等课程开发理论，开发相对应的"校本课程""企业课程"，课程内容包含基础理论知识、专业理论知识、企业文化体验课、专业技能实训课、顶岗实习、正式实习等，主要是为了实现对学生岗位职业能力的培养。

现代学徒制人才培养模式是校企共同育人，对学生（学徒）采用双场所、双导师、工学交替的培养方式进行。学生（学徒）定期往返学校、企业进行不同知识和技能的学习。学生在学校通过班级授课制的形式接受基础理论知识和专业理论知识的学习。在企业由企业师傅指导接受专业技能、岗位技能等的学习，根据技能的性质、难度差异，采用现场的小组教学或个别化教学。需要注意的是，现代学徒制班级的课程需要学校和企业共同开发，在授课时，学校专业教师和企业师傅技能传授节奏应该相一致，不能出现"重理论轻实践"或"重实践轻理论"的情况。职业院校一般的评价方式是传统的笔试，即纯理论知识考察，而现代学徒制人才培养模式下的评价则是由育人主体和企业双方共同制定评价内容、标准、方式，其中学校主要负责学生基本文化知识、专业知识的考核评价，企业负责学徒在企业顶岗实习期间所表现的专业岗位技能、素养等实践层面的考核评价。学徒在学习期满考核合格后，应获得相应的学历证书和职业资格证书。

对于什么是现代学徒制人才培养模式，我国学者进行了相关的研究。认为现代学徒制人才培养模式的内涵为：以校企深度融合为基础，双方共同招生、培养和管理，学生具"双重身份 + 双导师"，在学校和企业的具体工作岗位上学习的人才培养模式。

（二）我国现代学徒制试点人才培养模式的特征

现代学徒制是职业院校和企业双主体的职业教育人才培养模式，在人才培养过程中坚持校企双主体是现代学徒制人才培养模式的本质特征。现代学徒制人才培养模式与订单培养在办学主体、招生方式、学生身份、培养主体、培养方式和教学内涵上存在很大的不同。通过比较的结果，认为其特征主要有以下几点。

1. 双办学主体。现代学徒制与我国以往校企合作的区别在于学校和企业共同参与到现代学徒制人才培养的过程中，校企双方共同办学，按照企业需求联合招生和培养，培养过程融合理论教学与实践教学，企业和学校共同承担人才培养责任，其优势在于结合学校职业教育与企业岗位培训的双重优势，通过教学资源的合理配置，提高职业教育人才培养的质量。

2. 双管理主体。作为一种新型的职业教育人才培养制度，在现代学徒制人才培养过程中，学校和企业共同参与教育教学管理。校企双方通过共同建立招生招工一体化管理制度，协商制定校企"互聘共用"管理制度，成立专门的管理机构，对学生的学分、学制、学籍、安全以及实习实训和档案制定管理制度，保障学生的学习权利以及人身安全。

3. 双教学主体。现代学徒制将传统的"师傅带徒弟"这一教育形式引入现代学校职业教育中，通过高职院校的专业导师和企业的资深技术人员通过结对师徒关系的方式实现"双导师"共同指导学生的实践课程，实现对学生实践能力的培养，学校理论课程主要负责学生公共基础知识和专业基础知识的学习，在实践课程上采用"师傅带徒弟"＋理论课程的方式实现对学生的培养。

4. "资源共享"在教学实践过程中，学校与企业的资源共享共同培养学徒。如知识共享，培训场地共享，硬件共享等。

5. "学生＋学徒"双重角色。现代学徒制模式中的培养主体——学生，它还具有另外一个身份——学徒，并且是以企业学徒身份为主。学生招生即招工，入校即入职，但学徒并不是真正意义上的企业员工，在学徒期间，学生享有的津贴补助并不是以工资形式取得的劳动收入，一般来说，学徒的津贴低于企业员工的工资。

6. 双重评价标准。"双导师""双重身份"的特殊培养方式，决定了其最终的评价标准是由"学校标准"＋"企业标准"以及"专业知识＋专业技能"组成。即由院校负责对学生进行专业知识和基本专业技能的考核，企业负责对学生进行专业技能的实践应用进行考核，考核标准和考核制度由校企双方共同制定，考核过程与评定结果需校企双方共同参与和审核。具体现代学徒制与订单培养的异同详见表 2 - 1。

表 2 - 1　现代学徒制与订单培养的异同

比较项目	办学主体	招生方式	学生身份	培养主体	培养方式	教学内涵
订单培养	学校	企业预订	学生	学校培养	校企合作	企业导向
		学校招生		企业参与	工学结合	融入证书
					校内培养为主	
现代学徒制	学校与企业	校企联合招生	双重身份	校企联合	工学交替	基于岗位
		招生即招工		共同培养	交互训教	双证融通
					师带徒	
					岗位培养为主	

二、推进现代学徒制的关键点

进入新时代，我国面临着产业基础高级化、产业链现代化的发展任务，职业教育在我国产业基础高级化、产业链现代化的建设过程中具有重要地位。党的十九届五中全会通过的《中共中央关于制定国民经济和社会发展第十四个五年规划和二〇三五年远景目标的建议》提出"探索中国特色学徒制"和"建设高质量教育体系"的发展目标。探索中国特色学徒制是党中央基于国际国内发展环境及我国紧迫的发展任务所提出的具有战略意义的目标规划，明确中国特色学徒制的内涵及其实施路径，有助于全社会凝聚共识、形成力量、推动我国职业教育转型升级、助力中国特色社会主义现代化建设目标的实现。

探索形成中国特色学徒制是中国特色社会主义伟大事业的重要组成部分，是立足中国大地办教育、走出一条符合中国国情与社情的职业教育新道路的基本要求。中国最大的国情，一方面，人口众多，经济类型多，各领域各地区发展不平衡不充分；另一方面，经济总量大，在中央集中统一领导制度下可以集中力量办大事。中国的国情社情要求学徒制不能盲目搬用国外的发展模式，要走出一条符合中国实际、具有国际竞争力和中国特色的现代学徒制之路。

借鉴国外的成功经验，依据国内的试点院校及企业探索与实践情况，目前在我国推进中国特色现代学徒制的关键点主要有以下六个方面。

（一）建立管理平台

平台由企业信息发布平台、岗位申请平台、学籍注册平台、教学管理平台、资源共享平台、考核与评价平台、分析改进平台等七大子平台组成。现代学徒制管理平台，既可以为用人单位、学生（学徒）、职业院校提供线上信息、资源共享，又可以帮助试点院校加强试点项目的管理。

（二）建设中国特色现代学徒制标准体系

现代职业教育发展必须标准先行，应通过大力开展中国特色现代学徒制专业教学标准、企业标准、双导师标准、学生评价标准、项目评价标准建设，推动现代学徒制规范化、科学化发展。以专业教学标准建设为例，经过两年的研究与实践，已完成12个现代学徒制专业教学标准及其系列课程标准，已形成一套可复制的中国特色现代学徒制专业教学标准建设理论与方法，指导现代学徒制专业教学标准的不断开发。

（三）校企共赢，联合招生，分类培养

1. 精选合作单位，充分发挥行业企业作为职业教育办学主体的作用

一是合作大中型企业，彰显资源优势。大中型企业综合实力较强，企业培训机制完善，社会认可度高。试点院校与大中型企业合作开展试点，可以充分利用大中型企业的技术和人才优势，有利于提高试点项目人才培养质量，也有利于扩大试点工作的影响力。如广西水利电力职业学院建筑装饰技术专业与深圳宝鹰集团有限公司合作，引入其完善的培训、认证体系，共同构建宝鹰学院，校企紧密联系，使学生在宝鹰学院的学习和训练成为建筑装饰工作的一个预演。二是"联姻"行业协会，拓宽合作资源。行业协会拥有丰富的企业资源，在专业权威性、与企业联系紧密性、服务广泛性等方面优势突出。试点院校与行业协会合作开展试点，可以充分发挥行业协会在学校与企业之间的纽带作用，保障试点工作的推进。如上海城建职业学院酒店管理专业与上海市衡山集团有限公司合作，融合行业协会对高职教育的指导、协调与服务功能，探索"VIP接待试点班"三方合作共育人才模式。三是选择园区联盟，深化校企合作。如广西东盟工业园区聚集了产业链的各种企业，具有明显的产业特色和行业背景。试点院校与广西东盟工业园区合作开展试点教学，可以充分利用广西东盟工业园区产业链企业集聚的资源优势。

2. 创新招生方式，探索3种人才培养模式

试点院校根据生源不同、企业背景及专业特色，探索实践各具特色的现代学徒制，逐步形成了具有中国特色、内涵丰富的3种招生方式和人才培养模式。一是企业主导，先招工后招生。试点院校以自主招生方式招收企业员工为学徒，解决学生和员工的双重身份问题，学生的基本知识、理论和技能主要在试点企业学习和训练，在岗成才，探索学训一体的学徒培养方式。如广西水利电力职业技术学院建筑装饰工程技术专业自2012年以来，连续8年面向深圳宝鹰集团股份有限公司在岗员工开展现代学徒制自主招生，开设"宝鹰"学徒班。采用校企双导师（企业师傅为学徒企业导师；学校老师为学徒学校导师）互渗交互培养，即学徒前两年学习以在校为主，校企导师交替上课，第三年在岗培养，企业导师师带徒，学校导师辅导理论知识。在试点过程中，企业通过试点项目帮助技术骨干提升岗位能力和学历，

留住了人才，学校教师走进企业，理论与实践紧密结合，实践教学能力进一步提高。二是校企融合，招工与招生同步。试点院校以自主招生方式招收应往届中职生，企业同时将学生招收为学徒，学生在校学习和在企业培训交替进行，形成了学训交替的学徒培养方式。如广州番禺职业技术学院市场营销专业与深圳市百果园实业发展有限公司联合招生，在发放录取通知书之前，百果园公司和拟录取学生现场签订正式的劳动用工合同，明确了学徒的工作时间、报酬、福利待遇等，采取双导师在岗交互培养，学徒不脱离工作岗位，学校导师负责理论教学，企业导师师带徒训教。合作企业深度参与招生与培养过程，可以按照企业自身的标准选人、育人，有利于培养技术骨干。三是学校主导，先招生再招工。试点院校招收应届高中毕业生为学徒，企业确定用工意向，校企共同制订人才培养方案，学生在校先学习基本知识和基本技能，再到企业岗位上去培养技术技能，形成先学后训的学徒培养方式。如广东机电职业技术学院汽车检测与维修专业与捷豹路虎（中国上海）合作，采取普通高考的方式招生，实施双导师行业通用交互培养，行业参与培养标准的制定，学徒第一年校企交替培养，以校为主，校企导师交替训教；第二年在岗培养，以企业或行业导师师带徒为主，学校导师理论教学为辅。学生入学后，捷豹、路虎提出同等条件优先录取标准，根据高考成绩、英语成绩与面试成绩，选择部分学生加入"现代学徒班"，并与学生签署"三方协议"。根据广东省大型企业外来务工人员多，在采用全日制招生方式受到户籍限制的问题，因地制宜开展了成人高等教育现代学徒制试点，同样受到企业和学生的欢迎。譬如佛山职业技术学院与佛山科勒陶瓷有限公司等经过3年的探索与实践，形成了基于现代学徒制的"1234"（1个校企协同育人平台、二元主体、3支队伍、4个突显）成人学历教育人才培养双元育人新模式，成效显著。

3. 校企双主体育人，提高人才培养质量

一是校企共同建立管理与运行机制。试点院校与合作企业根据现代学徒制的特点，共同制定管理办法，明确学徒在岗培养主要由企业管理，在校培养主要由学校管理；共同建立完善质量保证体系，改革教学管理与运行机制，细化教学过程管理和教学环节安排。二是校企共同组建双导师团队。试点院校与合作企业共同制订"双导师"管理办法，共同组建教学团队开展教学。合作企业安排一线专业技术骨干担任企业导师，并将其承担的教学任务纳入员工考核内容。三是校企共同研究制定实施人才培养方案。试点院校与合作企业根据技术技能人才成长规律和职业教育规律，结合工作岗位实际需要，依据职业资格标准，共同研制校企一体化育人的人才培养方案，合作承担教学内涵建设，合作开发现代学徒制专业课程，共同组织实施教学过程。如中山火炬职业技术学院模具设计与制造专业，人才培养方案由校企双方联合制定，在此基础上制定了每个学期的开课计划，并根据课程内容、课程性质，将不同的课程分别安排在学校或企业进行授课。

（四）产教融合，双证融通

企业参与现代学徒制人才培养的根本利益点是解决企业转型升级中人才的选、育、用、留问题，解决这问题的核心是要基于岗位工作任务培养企业用得好、留得住的人才，所以现代学徒制人才培养的专业设置、课程开发、培养过程和考核评价等都要基于学徒的工作岗位。要做到以上这些必须通过产教融合来实现。职业资格证书是学徒作为企业员工从事岗位工作的基本要求，学历证书是学徒作为学校学生提升学历与能力的根本凭证，所以双证融通是现代学徒制人才培养内涵的必然需求。

实现产教融合、双证融通的基本途径是：按照基于工作岗位任务、融入职业资格标准、兼顾学徒未来发展需求的原则，企业提出岗位能力需求、岗位任职标准与晋升考核标准，行业专家与职业院校教师共同制订专业标准；校企专业技术人员根据专业标准，按照岗位任务、工作内容制定课程标准、开发岗位专业课程、构建专业课程体系。

（五）双导师培养，学徒在岗成才

采用双导师培养制度是学徒在双导师指导下完成学业。岗位核心课程和企业文化课程由企业导师承担，采用师带徒方式实施岗位教学。基本理论知识和基本技术技能课程由学校导师授课，学徒在工作岗位上，通过工学交替方式完成学业。我校在从企业员工中招生学徒课程教学的具体操作方法是，按照学院的现代学徒制双导师管理办法选聘、管理和培养双导师团队，并实施双导师在岗位授课，企业导师（师傅）担任企业的文化与企业技术与管理的核心课程教学内容，在学徒工作时间段，以师带徒的方式实施岗位教学；学校导师（老师）主要承担理论性课程内容的教学工作，在学徒工作以外时间段（主要是双休日），以送教到企业的方式，实施集中授课。如广西水利电力职业技术学院建筑装饰工程技术专业与深圳宝鹰集团股份有限公司合作开办的宝鹰学徒班，双导师分工协助共同完成教学任务，此种教学方式收到了明显成效，如酒店管理技术专业与万豪酒店有限公司合作的现代学徒制班，现有的四届毕业生，已成长为企业研发类岗位骨干，部分已走上了核心技术管理岗位。

现代学徒制的双元岗位育人，能有效实现产教融合、职业培训与学历教育的融合，能创新高职人才培养的模式，提高人才培养质量，是提升新生代高职学生与农民工岗位职业能力与学历的最佳途径，对推进我国职业教育和中国特色学徒制的发展具有重要意义。

三、现代学徒制试点单位典型做法

现代学徒制的实施路径已比较成熟，经过长时间的理论研究与实践探索，各个试点单位根据自身单位行业背景、行业特色、专业特点，总结凝练出符合其自身单位特色的现代学徒制实现方法，但都有异曲同工之处。以下简要介绍高职院校、中职院校、地级市、企业、行业组织现代学徒制试点单位的典型做法，供相关现代学徒制实施单位借鉴参考。

典型做法一：清远职业技术学院（第一批试点高职院校）

2009 年，清远职业技术学院与深圳宇龙公司合作，从计算机应用技术专业（手机游戏方向）入手合作探索具有现代学徒制特征的人才培养模式。2012 年广东省教育厅批准清远职业技术学院医疗美容技术专业和机电一体化专业为现代学徒制试点专业，正式开启了学校的现代学徒制人才培养模式的实践。学校高度重视现代学徒制工作，现代学徒制是学校"创新强校"和"示范校"建设工作的核心。在探索实践的过程中，形成标志性成果：一是撰写专著，《现代学徒制"广东模式"的研究与实践》。该专著首次总结出了现代学徒制的基本内涵特征——校企双元育人、交替训教、岗位培养，学徒双重身份、工学交替、在岗成才，形成了推进现代学徒制的一般方法、基本手段和技术路线等实践操作经验，得到社会的广泛认可和推广应用，成为广东省推进现代学徒制的核心内容。二是实践典型案例。医学美容技术专业自 2012 年成为现代学徒制试点专业，连续 6 年招生，从专业教学标准建设、双主体育人等内涵建设方面，为我国现代学徒制专业提供了典型实施范例。

（一）完善政行校企多方联动的现代学徒制长效运行机制

完善政行校企多方联动的现代学徒制长效运行机制的具体实施情况如下。

1. 建立工作机构。在职教集团内，由我校招生就业办牵头组建，由清远市教育局、集团内中职学校招生办、企业人力资源的相关负责人组成的多方合作招生工作组。在工作组的协调下，达到录取基本条件的考生采用双向选择的方式，确定学生就业的企业，并与企业签订劳动合同，学校作为合同的鉴证人。以学校与集团内大型骨干企业为主体，合作企业参与的方式实施人才培养。

2. 制定规章制度。依据大型骨干企业产业结构调整和技术升级对人力资源的需求，完善招生制度。建设的重点是制定从企业员工中招收学徒的招生方案和实施细则，规范自主招生过程。在清远市教育局指导下，校企共同制定校企合作联合招生制度。自主招生中，制定对具有一定工龄、有较强实际操作经验的企业员工实行优惠政策的制度；中高职对接招生中，制定对持有职业资格证书或技能竞赛获奖证书的考生实行加分、免试入学等制度。

3. 签订好两份合同。劳动合同的核心内容有三项，一是企业接纳学徒为企业准员工，在岗学习期间享受企业正式员工的薪酬福利待遇；二是企业要为学徒在岗学习提供必要的条件；三是学徒学习期满毕业后再次双向选择职业岗位的相互约定。培养合同的核心内容也有三项，第一，双方联合办学的收取学徒学费的收益划分；第二，规定双方在办学中的责任与义务；第三，明确具体育人过程的合作与分工，以及"双导师"团队的校企共培互聘的相关规定。

4. 规范招生录取和企业用工程序，明确学徒的企业员工身份。按照双向选择原则，学徒、学校和企业签订三方协议，明确各方权益及学徒在岗培养的具体岗位、教学内容、权益保障。面向企业员工招生，严格审核入学资格（毕业证、职业资格证、户口本、与企业签订的劳动合同），非企业员工，按双向选择原则，入学即与学校、企业签订三方协议后录取。

5. 建立成本分担机制。根据不同专业的不同办学成本，在校企合作协议中明确校企成本分担比例。

（二）完善现代学徒制试点专业的技术框架体系

1. 专业教学标准建设

在专业技术指导委员会的指导下，校企合作共同制定了专业教学标准的研制的方法、手段与路线，并以论文的形式固化为理论成果；专业岗位职业能力分析表、研制的专业标准、开发的校本教材、构建的专业课程体系构成了实物成果。具体做法是：一是对未完成专业教学标准的试点专业，加大培训力度，加快构建以培养职业能力为主线、适应国家产业发展战略新要求、促进中高职衔接和技术 技能人才系统培养的专业教学标准和课程体系，开发基于合作企业岗位工作任务的教学内容，构建合作企业需要的学历教育与职业岗位培训为一体的专业课程模块，建成既能满足现代学徒制教学需求，又适应学徒自主学习、终身学习的需要。

具体操作路线是：市场调研确定学徒培养岗位（全日制初次就业岗位），制定人才培养目标，组织行业、企业专家完成岗位职业能力分析，研制专业标准（岗位职业标准），校企专家和骨干老师将职业能力分析表转化成基于岗位工作任务的专业课程，构建基于典型工作过程的专业课程体系，整合校企优质教育形成人才培养方案，基于岗位工作业绩研制针对教学运行过程的标准体系，构建适应工学交替、有助学徒终身学习、网络教学资源为主体的教学资源库。

2. 现代学徒制试点专业面向

该校学徒制试点专业已经覆盖了一、二、三产业，具体见表2-2。

表2-2 清远职业技术学院现代学徒制专业服务产业一览表

序号	试点专业名称	面向产业	合作单位类型
1	农业技术与管理	一	政府部门、行业协会
2	生物制药技术	二	企业
3	机电一体化技术		企业
4	材料工程技术		企业
5	护理	三	政府部门、事业单位
6	医疗美容技术		企业
7	药品经营与管理		企业
8	音乐表演		企业

（三）研究建立现代学徒制校企联合的过程监控体系

在专业联盟平台上，校企分工合作共同完成监控体系的建设。研究确定了现代学徒制人才培养过程的主要监控与评价点，完成教学过程与质量评价体系的研制；设计了完整了教学运行及管理的校企双主体制度，现已形成一整套制度和措施；采用了校企双主体、分级负责、过程管理、综合考核的管理办法。制定了一系列管理制度，加强过程管理与质量监控。

第一，根据教学质量关键环节，校企合作制定了一系列管理制度，主要有《现代学徒制课程考核的指导性意见》《清远职业技术学院制定现代学徒制人才培养方案的指导性意见》《校企联合探索现代 学徒制企业准入标准》《现代学徒制教学质量满意度调查表》《现代学徒制课堂教学日志》《现代学徒制企业导师教学质量评价指标》《现代学徒制学校导师教学质量评价指标》《现代学徒制职业素质基础课教学课堂教学质量评价指标》等。

第二，合作企业出台配套激励政策，确保教学管理制度的顺利实施，并收到预期的实际效果。

第三，二级院系根据学校制度制定具体的教学要求、奖罚办法、教学激励措施和过程管理与评价的方法与手段。

（四）建设现代学徒网络综合信息服务平台框架

该校与互联网公司合作开发了"智学徒"平台，该平台宣传门户、教学管理、学徒 APP 三个功能板块，有效解决了现代学徒制招生报名、教学管理、学徒岗位培养等环节中的难点问题，极大程度提高了招生宣传、报名，教学过程管理及学徒学习效率。

典型做法二：浙江建设职业技术学院（第一批试点院校）

浙江建设职业技术学院的"1＋1＋X"行业联合学院现代学徒制探索与实践是全国首批 100 家现代学徒制试点单位项目之一，试点项目从 2015 年到 2018 年，三年时间已培养建筑装饰工程技术专业（建筑幕墙方向）学生 134 名，试点依托浙江省建筑装饰行业协会共同创立浙江省装饰幕墙联合学院，该行业联合学院在原有专业建设和发展的基础上，联合行业协会和浙江中南建设集团有限公司、浙江亚厦幕墙有限公司、浙江省武林建筑装饰集团有限公司、宁波建乐建筑装潢有限公司、浙江建工幕墙装饰有限公司、中天建设 集团浙江幕墙有限公司、浙江世贸装饰股份有限公司，共 7 家协会成员单位（装饰幕墙企业），共同商定招生规模、制订培养计划、实施教学大纲、开展实习实践等工作。项目实践三年以来，该校现代学徒制项目完成了"六位一体"培养目标，其中包括一体育人、一体招生、一体培养、一体教学、一体授业、一体就业。具体实施情况如下。

（一）育人机制：校行企协同育人机制

1. 选定合作企业

幕墙联合学院合作企业由浙江省装饰协会推荐，分别为浙江中南建设集团有限公司、浙江亚厦幕墙有限公司、浙江省武林建筑装饰集团有限公司、宁波建乐建筑装潢有限公司、浙江建工幕墙装饰有限公司、中天建设集团浙江幕墙有限公司、浙江世贸装饰股份有限公司，并与这些企业签订了合作战略协议。

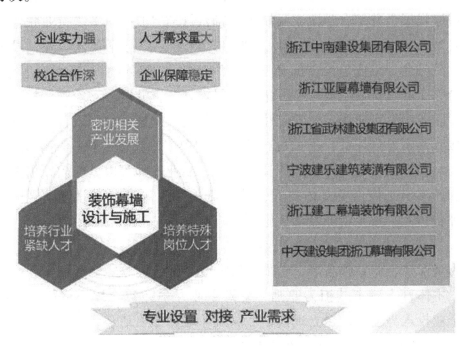

图 2 - 1　选定合作企业示意图

2. 签订校行企三方人才培养协议

校行企三方共同制定《关于开展现代学徒制试点人才培养协议》，本着合作共赢、职责共担的原则，充分发挥各自优势和潜能，创新合作机制，积极开展现代学徒制试点工作，形成校行企分工合作、协同育人、共同发展的长效机制，不断提高人才培养的质量和针对性，促进职业教育主动服务当前经济社会进步，推动职业教育体系和劳动就业体系互动发展。"友好合作，共同培养人才"，确定在建筑装饰工程技术专业（建筑幕墙方向）开展现代学徒制试点项目。

3. 成立现代学徒制工作领导小组及工作机构

学院依托浙江省建筑行业联合学院，专门成立现代学徒制试点项目领导小组、专家小组、教学管理小组，制订试点工作的扶持政策，加强对招生工作的统筹协调，整合校内外优质教育资源，协调各方力量，全面负责项目的组织领导、策划，实施、指导、评估和条件保障等工作。

4. 制定现代学徒制试点办法

为保障现代学徒制试点工作顺利进行，形成高职现代学徒制培养体系校行企合作机制，三方共同成立现代学徒制试点项目管理组织机构，加强行业联合学院的建设与管理，提高质量，办出特色，促进行业联合学院持续、稳定和健康发展，并结合学院实际制定《浙江建院"1＋1＋X"行业联合学院运行管理办法（试行）》（浙建院（2014）69 号）。行业联合学院，设置理事会、院务会、专业建设委员会三级组织架构，理事会由行业协会、学院、重点合作企业负责人组成，主要负责发展规划、资源配置、宏观调控、检查评估，院务会有行业协会、学院相关部门负责人组成，负责联合学院日常工作对接，落实办学任务，根据运行情况，制定工作措施，执行理事会决定，专业建设委员会由合作办学企业技术骨干、专业教师等成员组成，根据人才培养和产学研工作需要具体成立，共同负责专业建设、课程建设、实践教学、评价体系、招生就业及学生管理。

5. 形成人才培养成本分担机制

为确保校企双导师薪酬、学徒薪酬、双导师选拔等经费落到实处，以校行企三主体育人成本共担为原则，统筹专业办学经费、教补奖筹、行业捐赠、企业投入等经费，建立现代学徒制人才培养专项基金。

（二）招生制度：校企招生与招工一体化

校企共同研制、实施招生招工方案。建立联合命题、联合考试和招生录取方案的工作机制，共同编制专门的学徒制招生简章、组织招生考试和确定录取标准，出台了《现代学徒制校企联合自主招生工作方案》《现代学徒制校企联合自主招生简章》。从 2017 年开始，在高职自主招生中试行校企联合招生，实现 5% 的招生录取率，到 2018 年达到招生总量的 10%。

根据现代学徒制试点要求，根据学院招生方式，明确现代学徒人才培养三种招生途径：途径一，先招生再招工，先由学校根据高考成绩录取生源，经过 1 年专业理论课学习后，由行业、合作企业组织招聘委员会在专业生源中招收符合条件的学生组成现代学徒制教学班；途径二，先招工再招生，合作企业在企业员工内部选择相当于高中学历的人员，报名参加成人高考，而后参加由学院组织，行业协会、合作企业共同参与的单招考试；途径三，招生招工一体。

（三）培养模式：培养与需求一体衔接

1. 校行企共同优化人才培养方案

浙江建设职业技术学院申报学徒制试点项目期间该院远赴长春建筑学院调研，了解幕墙专业设置情况，举办联合学院行业企业人员座谈，就行业学院的设置和人才培养的 着力点进行探讨，并对人才需求和培养方案进行意向摸底，就申报工作做好充分准备。2015 年 9 月，该院组织教务处、产学研等有关部门就现代学徒制试点项目申报工作进行充分论证，完成了申报工作并获得教育部批准。根据有关文件精神及该院实际，学院确定了试点专业名称为建筑装饰工程技术（建筑幕墙），试点班招生 32 人，学制 3 年。确定人才培养方案及第一学年课程标准初稿并发往行业协会和相关企业进行讨论，召开专业教师和企业兼职教师以及协会、学院教务参与教学计划的确定，校企双方以工学结合为切入点，以培养就业竞争能力和职业发展能力为目标，根据现代学徒制合作企业的用人需求形成定稿，方案根据每年的实际情况，进行完善与更新。

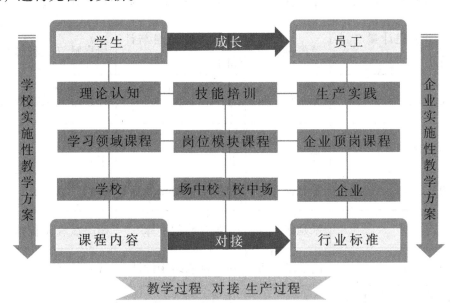

图 2-2 校企工学交替实施教学示意图

2. 校行企共同制定教学标准（课程标准等）

校企共同制定建筑装饰幕墙专业现代学徒制高端化、现代化人才培养方案、研究现代学徒制岗位标准和教学标准，构建了《基于典型工作过程的建筑装饰幕墙专业课程体系》，明确目标岗位，进行工作任务分析，梳理岗位关键任务和核心职责，提炼出完成关键任务所需的关键能力，依据关键能力匹配学习目标，继而构架出基于现代学徒制的《建筑装饰幕墙专业现代学徒制课程标准》。学校指导教师按照专业实习计划和实习大纲中每个岗位的理论知识要求，到实习单位对学徒进行现场理论教学；带教师傅按照专业实习计划和实习大纲中每个岗位的技能要求，在企业对学徒进行专业技能教授，促进知识学习、技能实训、工作实践的融合，推动教、学、做的统一。

表2-3 校内教师、企业师傅授课一览表

校内教师授课			企业师傅授课		
序号	专业课程	教师	序号	专业课程	师傅
1	建筑幕墙设计	章永锋	1	建筑幕墙设计	方浩（高工）、白启安（高工）
2	幕墙工程施工组织	章永锋	2	幕墙工程质量管理	杜东新（高工）
3	幕墙工程计量与计价I	黄海燕	3	幕堵工程计量与计价II	唐皇斌（工程师）
4	建筑施工	陈水华	4	建筑幕墙施工技术I	孙连弟（教授级高工）
5	建筑材料	金周益	5	建筑幕墙施工技术II	孙连弟（教授级高工）
6	建筑制图	萧琳琛	6	建筑幕墙深化设计	方浩（高工）
7	建筑测量	米延华	7	建筑幕墙预决算	唐皇斌（工程师）
8	建筑力学	高学献	8	建筑幕墙结构设计	曹东秋（高工）
9	计算机辅助设计（Sk）	杨烁	9	建筑幕墙施工组织	杜东新（高工）

3. 共同开发专业教学资源

为了突出本校幕墙专业特色，突出课程的应用性、实践性、发展性，通过理论与实践相结合，让学生得到符合专业特色的规范化训练。以项目为抓手，以解决专业问题为目标，加强课程间的融合。由行业、企业、学院共同组织、筹划、完成开发基于岗位工作内容、融入国内外职业资格标准和国际知名企业标准的建筑装饰幕墙专业课程 6 门和教材 6 本。

表 2－4 建筑装饰幕墙专业 6 门课程及对应教材一览表

序号	课程名称	序号	专业教材	主编、副主编
1	建筑幕墙设计	1	建筑幕培设计	方浩、张春
2	建筑幕墙施工技术	2	建筑幕墙施工技术	孙连弟、魏丽丽
3	建筑幕墙工程检测与验收	3	装饰装修施工员专业管理实务	贾华琴、黄刚、徐燏
4	建筑幕墙预决算	4	装饰装修质量员专业管理实务	贾华琴、胡晨
5	建筑幕墙施工组织	5	装饰装修专业基础知识	贾华琴、许家瑞
6	建筑幕墙施工管理综合实训	6	浙江省建筑装饰文明标化科技示范工程实施指南	浙江省建筑装饰行业协会

（四）教学改革：教学与生产一体联动

1. 制定企业分段实训方案

遵循"招生即招工、入学即入职，职前工学交替，职前职后规划"的原则，学生（学徒）在 3 年专科学制时间内按照"1.5 年（识岗阶段）＋0.5 年（轮岗阶段）＋0.5 年（专岗阶段）＋0.5 年（顶岗阶段）"的四段式育人机制全程采用"理实一体化＋岗位实训"两部分授课模式，按照培养方案要求学生从第二学期到第六学期，每学期都有签约企业带徒师傅参与的校外实训课程，其中第五、六学期，学生到签约企业进行顶岗实习及毕业设计阶段实训。就四段式育人机制的特殊形式，制定《浙江省建筑装饰幕墙联合学院学分制实施方案》和弹性学制管理等与现代学徒制相适应的教学管理办法，兼顾学院学习和企业学徒实训需要，制定《浙江省建筑装饰幕墙联合学院学徒管理办法》，落实学徒权益，要求实践期间要对学生 进行有效的岗前培训和安全教育，企业加强对实习教学的指导、协调和检查工作，并搜集相关教学信息，做好教学质量的监控工作，引入企业评价机制，收集反馈信息，总结经验，形成持续改进的教学管理机制，确保教学质量不断提高。

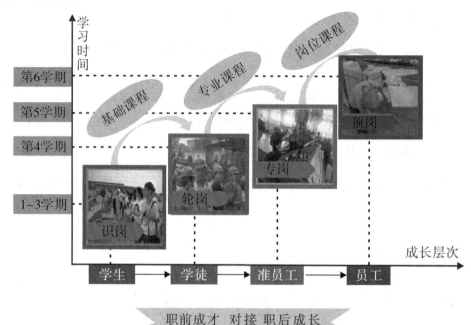

图 2-3　校企构建成材成长通道

2. 学生理实课程考核评价标准

为进一步规范现代学徒制试点工作的顺利实施，结合本校幕墙专业的实际，制定了《浙江省装饰幕墙联合学院现代学徒制考核评价方案及实施细则》。建立学校、现代学徒制合作企业和学生之间的信息联系制度，定期进行沟通联系。学生到达实践企业前，本专业、实践企业和学生本人应 当明确各方的责任、权利和义务，提前做好各项准备工作。

同时制定《建筑装饰幕墙专业现代学徒制学生学业评价标准》，在改变原来学生学业评价体系下教师单一评价主体，实施多元化学业评价主体，形成学生自评、学校教师、企业师傅、行业企业鉴定（资格证书）四级评价体系，行业、企业、学校、社会等多方参与的评价机制，实现学业评价与职业鉴定相对接。学院公开评价，预先公开课程（包括实训课程）评价标准、教学进程安排，学院根据评价标准来考评学生的表现和学习成果；企业现场评价，人才培养中的岗位课程安排在企业完成，由企业人事部门和企业师傅通过现场操作技能，评价学徒高位技能掌握程度；协会（社会）能力评价，学生（学徒）所掌握的专业知识和职业技能参加协会（社会）组织的施工现场岗位职业能力岗位证书考证。

3. 共建校内外实训基地

为确保现代学徒制人才培养与行业、企业需求平顺对接，学院构建了多方联动的"场中校"实训基地，以真实工作项目为载体，以真实施工现场为课堂，以技术骨干为教学主体，以现场操作技能为标准，以解决实际问题为宗旨，让学生在实际的职业环境中顶岗实习，让教师主动到基地挂职锻炼，让企业能工巧匠融入到现代学徒制试点项目中来，实现教学环境与工程现场对接。校内实训室新建石雕木雕实训室，扩建建筑装饰施工实训室（见表2-6）；校外共建有浙江建院亚厦学院校外实训基地、浙江中南建筑集团校外实训基地等7个实训基地。

图2-4 构建多方联动"场中校"实训基地图

表2-5 校内实训基地汇总表

序号	项目名称	负责人	资金额度（万元）	落实的场地	建设时间（年）
1	建筑装饰施工实训室扩建（二期）	徐 柳	30	实训楼A座一楼	2016
2	装饰工程技术专业教室（改建）	龚一红	10	实训楼A座一楼	2017
3	石雕木雕实训室	沈小翌	49	实训楼一楼、二楼	2017
4	建筑装饰施工实训室扩建（三期）	张 春	46	实训楼A座一楼	2018

表2-6 校外实训基地汇总表

序号	基地名称	依托单位	合作专业	负责人
1	浙江建院亚厦学院校外实训基地	浙江建院亚厦学院	装饰工程技术	程欣玲
2	浙江省元茂房地产开发有限公司校外实训基地	浙江省元茂房地产开发有限公司	装饰工程技术	徐 柳
3	浙江宏恩装饰股份有限公司校外实训基地	浙江宏恩装饰股份有限公司	装饰工程技术	许家瑞
4	浙江中南建筑集团校外实训基地	浙江中南建筑集团	装饰工程技术	杨 烁
5	杭州法博装饰工程设计有限公司校外实训基地	杭州法博装饰工程设计有限公司	装饰工程技术	龚一红
6	浙江麦丰装饰设计工程有限公司校外实训基地	浙江麦丰装饰设计工程有限公司	装饰工程技术	龚一红
7	浙江悦容装饰工程有限公司校外实训基地	浙江悦容装饰工程有限公司	装饰工程技术	龚一红

（五）队伍建设：互聘共用双导师队伍

1. 建立企业师傅考核办法

学院对从企业聘请的指导师傅签订了《浙江省建筑装饰幕墙联合学院兼职教师（企业导师）聘用协议》，为企业师傅颁发了企业导师聘用证书。按照承担的教学任务给予工作津贴，同时深入企业调研，了解企业职工收入水平与学校教师的待遇进行比较，提出企业导师的薪酬待遇办法，配合产学研部门制定完成《现代学徒制企业师傅考核及待遇暂行办法》。为协调解决聘请教师与企业、学校间的相关问题，出台《浙江省建筑装饰幕墙联合学院专兼教师工作组及教学团队管理办法》。

2. 建立双导师考核激励制度

学院在"1+1+X"行业联合学院的基础上，将进一步完善双导师制，制订《浙江省建筑装饰幕墙联合学院双导师管理办法》，建立健全双导师的选拔、培养、考核、激励制度，形成校企互聘共用的管理机制。明确双导师职责和待遇，合作企业要选拔优秀高技能人才担任师傅，明确师傅的责任和待遇，师傅承担的教学任务应纳入考核，并可享受相应的带徒津贴。引导教师积极参与企业研发工作，参与企业组织的教学，将企业技术、工艺、设备、流程融入课堂教学中，并将指导教师的企业实践和技术服务纳入教师考核并作为晋升专业技术职务的重要依据。建立灵活的人才流动机制。校企双方共同制订双向挂职锻炼，横向联合技术研发。

3. 组建专兼教学团队

为现代学徒制人才培养制度提供人力资源保障，组建专兼结合的教学团队，为企业工程师、技术师傅与学校教师互相学习、沟通交流、共同进行技术革新与研发的工作平台，为此制定现代学徒制专兼结合教学团队管理办法《浙江省建筑装饰幕墙联合学院专兼教师工作组及教学团队管理办法》，提供对照落实、检查及考核的依据。

表 2 - 7　专兼结合教学团队一览表

校内专任教师				企业兼职教师			
序号	姓名	职位	职称	序号	姓名	职位	职称
1	吴卓珈	建筑系主任	教授	1	贾华琴	浙江省装饰行业协会会长	教授级高级工程师
2	龚一红	专业负责人	副教授	2	吴建挺	浙江省装饰行业协会秘书长	高级工程师
3	张　春	幕墙方向负责人	助教	3	方　浩	浙江中设工程设计有限公司院长	高级工程师
4	杨　烁	专业教师	讲师	4	潘国平	杭州嘉威幕墙设计咨询有限公司总工	教授级高级工程师

4. 持续加强专兼教师团队建设

教师的能力和水平直接影响到现代学徒制人才培养的质量，学生在理论知识的学习和实训技能的提升等方面都受到教师的影响，因此加强师资队伍建设，是现代学徒制人才培养质量的重要保障。首先，为了增加学校教师的企业实训经验，每年选派教师到企业亲身实践，了解企业实际运作状况，使教师能够在课堂中讲述更多的企业实例，运用情景教学方法，提高学生对理论知识的理解程度；其次，学院组织签订《企业导师与学校导师结队工作任务书》，由5年以上经验学校优秀教师对企业导师进行校内教学技能培训；此外，学院坚持以"专兼结合、各有侧重、动态组合、合理优化"为原则组建专业教学团队，鼓励教师参加各类专业技能及理论知识的培训，力求提升一批适应双导师制需要的专业教师团队。

一个课堂
双教师授课

一个学生
双导师指导

图2-5　建立双师教学实践团队示意图

（六）制度设计：健全学徒制特点管理制度

校行企共同建立健全与现代学徒制相适应的教学管理制度，完善学分制和弹性学分制管理办法，出台《浙江省建筑装饰幕墙联合学院学分制实施方案》。同时加强过程管理，到合作的典型企业调研，了解企业质量控制流程及标准，共同研究制定《现代学徒制教育教学质量标准及监控实施方案》，共同实施考核评价，建立校企双方定期检查、反馈等形式的教学运行与质量监控机制及交流机制，及时诊断并改进教学。

典型做法三：黑龙江建筑职业技术学院（第二批试点高职院校）

该校通过建筑电气专业与奥的斯机电电梯有限公司合作试点、计算机网络技术专业与中锐网络股份有限公司合作试点、酒店专业与万豪国际集团（纽约证券交易所代号：MAR）合作试点，校企共同成立学徒制项目各级工作机构，各工作机构一体化联动，引领学徒制专业建设全过程。

（一）构建校企协同育人机制，打造学徒培养"共同体"

1. 成立职业教育集团，深化校企合作。

2. 成立各系校企合作委员会。

3. 成立专业建设委员会。

4. 组建现代学徒制项目推进办公室。

5. 设立合作企业联络工作站。

（二）校企联合，实现招生招工一体化

根据专业特点及合作企业要求，校企联合制定《联合招生招工一体化管理办法》，实施招生招工方案。按照双向选择原则，实践入学即招工、入学后选拔等适合专业的模式。具体做法如下。

1. 2017年组建34人奥的斯现代学徒制试点班、17人中锐网络现代学徒制试点班、19人臻品之选酒店现代学徒制试点班。2018年组建22人奥的斯现代学徒制试点班、12人中锐网络现代学徒制试点班、20人臻品之选酒店现代学徒制试点班。

2. 校企共同研制招生招工方案。与合作企业共同研究制定《现代学徒制校企联合招生招工管理办法》，采取学生报名，通过面试择优录取的形式组班，明确学生的学徒和准员工身份。

3. 学校与企业、学徒与企业分别签订协议。学校与企业签订"现代学徒制校企合作协议"，学徒和企业签订"现代学徒制企业、学生培养协议"，依法规范和保障学徒、学校、企业三者的权益，防止学徒成为企业廉价劳动力，谨防"放羊式"学徒管理的出现。

（三）探索现代学徒制特色人才培养模式

推进人才培养模式改革，全面探索实践"工学轮替、岗位成才"的现代学徒制特色人才培养模式；校企共同设计人才培养方案，共同制定专业教学标准、课程标准、岗位标准、企业师傅标准、质量监控标准及相应实施方案。校企共同建设基于工作过程的专业课程和基于典型工作过程的专业课程体系，开发基于职业岗位工作内容、融入国家职业资格标准、企业岗位标准的专业教学内容和教材。

先后聘请专家30人，召开10次专业研讨会，每个专业分别形成了岗位调研报告、修订了人才培养方案。

1. 建筑电气工程技术专业构建"课岗融合、双证融通"课程体系

建筑电气工程技术专业现代学徒制课程体系构建思路：一是要素整合，整合多维培养目标，即学历教育目标、结合国家职业资格岗位能力标准、企业岗位用人标准的职业资格目标和学徒用的可持续发展基本目标；二是基于工作过程课程开发，提炼技能养成要素，遵循技术技能型人才成长规律，从典型工作岗位中提取典型工作过程与工作任务，结合专业知识基础进行课程开发。

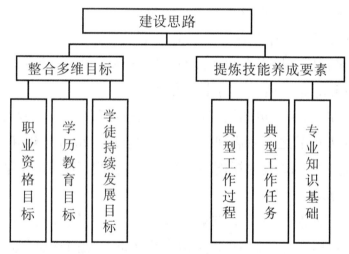

图2-6 现代学徒制课程体系构建思路

建筑电气工程技术专业现代学徒制创新了模块化的课程体系，即职业素质养成课程模块、专业技术技能基础课程模块、岗位（群）技术技能课程模块和学徒个人职业发展需求课程模块。专业对接企业电梯制造、安装、调试、维保等岗位，分析这些岗位的职责、技术标准，得出了岗位的职业能力，再结合电梯安装与维修工的国家职业标准和考证大纲的具体内容最后形成"课岗融合、双证融通"的专业课程体系。

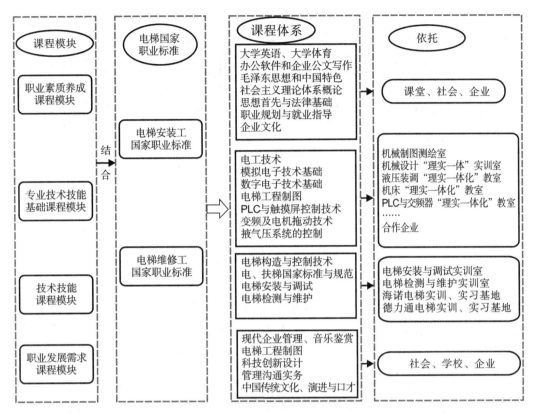

图 2 - 7 "课岗融合、双证融通"的专业课程体系

2. 计算机网络技术专业创新"4F5M"课程体系 构建三段式育人机制，即"1.5 + 0.5 + 1"的人才培养模式；"4F5M"课程体系，强调学生职业能力和职业素质的培养。

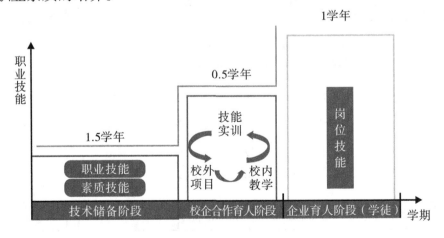

图 2 - 8 "1.5 + 0.5 + 1"的人才培养模式

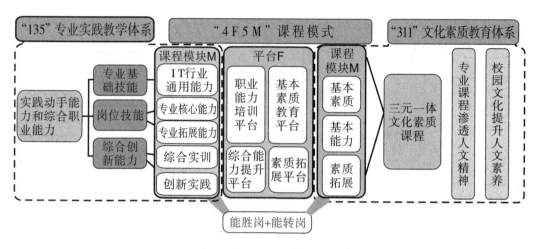

图 2-9 4F5M 课程体系

3. 酒店管理专业构建"三段推进、学工轮替、岗位成才"的人才培养模式。按照"酒店行业调研→岗位能力分析→人才培养模式构建→课程体系建设→教学方法改革→评价体系建设"的创建思路，通过对酒店走访、调研，向酒店管理人员发放百余份调查问卷、分析论证，走访毕业学生、召开座谈会，了解酒店行业发展情况和对人才培养的要求，通过邀请酒店行业专家、酒店管理人员和专业教师多次分析论证，理清了酒店服务与管理领域 10 个工作岗位及其工作任务所必备的职业能力和职业素养，构建了"三段推进、工学轮替、岗位成才"的现代学徒制人才培养模式。

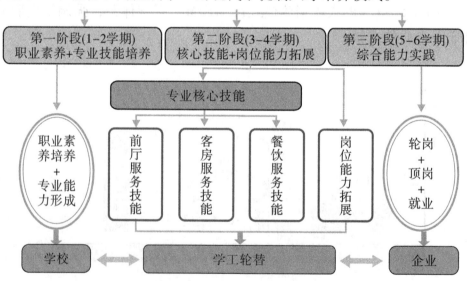

图 2-10 "三段推进、学工轮替、岗位成才"的人才培养模式

（四）互兼互聘，双向流动，构建校企互聘共用的师资队伍

加强"双导师"师资队伍建设。建立校企双导师互聘共用机制，完善了双导师的选拔、培养、考核、激励制度，开展了校企双向锻炼与培养，转变双导师观念，明确了专业导师的"校内课程教学、学业管理、与企业师傅沟通"等职责，企业导师"学徒期间的实践教学和日常管理、带徒培训、学徒评价"等职责。专业导师和企业导师组成的专业教学团队比例1:1。

学校遴选优秀教师15名到企业进行挂职锻炼，增加企业岗位经历，企业派出21名工程师到学校讲座授课，提高企业导师组织实施教学的基本执教能力，为学徒制培养提供师资保障。

典型做法四：深圳第一职业技术学校（第一批试点中职院校）

深圳市第一职业技术学校创办于1983年9月，是深圳市建市以来成立的第一所中等职业技术学校。1996年被原国家教委评为全国首批国家级重点职业高中；2014年被教育部等三部委评为国家首批中等职业教育改革发展示范学校；同年，经深圳市教育局批准，开办大鹏校区；同年，举办综合高中实验班，试点职普融通；2015年8月被教育部批复为教育部首批现代学徒制试点单位，同时也是广东省唯一一所现代学徒制试点中职学校、深圳市唯一一家现代学徒制试点单位。

该校现代学徒制试点申报专业为电气技术应用和物流管理与服务两个专业。作为教育部首批现代学徒制试点单位，学校领导高度重视这项工作的推进与发展，认为现代学徒制的实施，有利于搭建最前端最先进的教育教学与实习实训平台，有利于培养从事生产、安装、调试、维修、检测和技术管理等一线工作的高素质劳动者和技能型人才。历经3年实践检验，探索出了一条与中职学校相适应的现代学徒制学徒制模式。试点工作具体做法如下。

（一）"双主体"办学机制的建立

通过遴选合作企业，最终确定选择深圳市志尚力合物流科技有限公司作为现代学徒制试点合作企业，企业与学校共同商讨确定学徒培养岗位并签署联合培养人才的协议，明确了双方人才培养的责任和义务，形成责任和利益共同体，从而建立起校企合作"双主体"的办学机制。

2016年5月，深圳市志尚力合科技物流有限公司到校宣讲。通过企业说明会、学生面试、入选学生访问企业、企业与学生、家长签署协议四个流

程确定学徒的"准员工"身份。

企业说明会　学生面试　入选学生访问企业　确定学生的准员工身份　企业、学生、家长签署协议

图 2-11　确定学徒"准员工"流程

（二）积极推进招生招工一体化

学校积极推进与企业——招生物流、宝供物流，志尚力合物流的合作力度，签订校企合作协议并商议制定了初步的用工计划。

在招生（招工）阶段，校企双方充分保障学生的知情权，让学生知晓国家和广东省关于开展现代学徒制试点的政策和文件、报考和录取要求及标准、在校（企业）的学习（工作）时间以及相应的学习和生活条件，合作企业基本情况、学徒在合作企业的工作岗位和相应的权利义务等。学校通过择优录取和自主招生的形式，遵循招生即招工、就学即就业的准则，选择合适的学生进入现代学徒制试点班。

（三）完善人才培养制度和标准

依据制定的《双导师评价激励机制》来进行选拔与培养。学校通过聘请行业专家、企业精英、企业专业骨干、学校骨干教师作为师资团队以保障物流服务与管理专业现代学徒试点的人才培养质量。

（四）建设校企互聘共用的教师队伍

学校聘请蓝仁昌博士、祁飞经理、柯裕佳经理和志尚力合物流科技有限公司骨干主管与学校教师共同组成培训导师团队进行现代学徒制的培训，共同探讨和制定学徒计划。同时，企业导师多次进校开展物流知识讲座作为校内理论知识的教学补充，内容涵盖物流发展与就业前景、物流黑科技等前沿理论。

（五）建立体现现代学徒制特点的管理制度

学校通过建立一系列现代学徒制的相应管理规章制度，包括：深圳．市第一职业技术学校试点班教学管理制度、学徒实习管理制度、学徒校外实习安全协议书、学徒实习安全措施和违纪处理方法、学徒实习考核制度、指导教师工作职责和企业师傅工作职责等。学校为每个学徒购买保险，确保学徒身心安全有保障，同时通过管理制度规范了学徒企业的实习行为。

典型做法五：广东省佛山市（第一批试点地级市）

佛山在全省首个获批创建广东省现代职业教育综合改革示范市。目前，市内共有高职院校7所，在校生6.3万人，中职学校46所，在校生8.8万人，其中国示范学校5所，国重6所，省重12所，国家示范专业4个，省"双精准"专业15个，省重专业41个。"十二五"时期以来，市人民政府建立职业技术教育联席会议制度，主导成立校企合作联盟，深入推进职业教育集团化办学，坚持强专业适应强产业，新产业引领新专业，面向佛山经济产业发展需求，优化职业教育专业布局，出台系列促进措施，引导调动企业参与产教融合的积极性和主动性，构建校企合作长效机制，集中精力建设一批校企精准对接、精准育人的专业示范点。现代学徒制是产教融合的基本制度载体和有效实现形式，实施和推广现代学徒制是我佛山创建现代职业教育综合改革示范市的重要支撑。

通过对接产业升级，积极主动推动校行企协同育人，开展对具体岗位的现代学徒制人才培养，积累了一定的经验。为建立健全现代学徒制扶持政策和管理制度，探索现代学徒制校企协同育人实践范式，区域性实施现代学徒制人才培养，2015年，佛山市以"政府引导行业参与区域推进现代学徒制试点"为任务，以分管副市长为项目组长，向教育部申请现代学徒制试点，成为全国第一批地市级试点单位。试点主要做法如下。

（一）探索校企"双主体"育人机制

建立了以佛山市职业技术教育联席会议为领导、职业教育现代学徒制专责工作小组为核心、项目实施小组为主体的市级统筹、议事、运行与监督机制，共制定了《佛山市职业教育现代学徒制试点项目管理办法》等12项相关管理制度和实施意见。建立了"政府引导，财政扶持，校企共建，营运造血"的现代学徒制公共实训中心建设长效机制，通过政策支持，资金扶持，校企协同多形式搭建现代产业学徒培训共享平台共6个。

建立了校企人才共育、过程共管、成果共享、责任共担的现代学徒制校企合作机制，试点单位签署校企双主体育人协议，从招生招工一体、培训基地建设、岗位课程开发、双导师队伍建设、学徒培养评价五个维度展开合作，在学校基础学习—企业认知体验—学校专业学习—企业岗位培训—企业岗位实践等五阶段协同育人，实现产业学徒培训主体融合，产教融合，师资融合，文化融合。

建立了学生（徒）在学校或企业的人才培养过程8同6双协同育人机制，共同制定人才培养方案，共同开发岗位课程，共同制定教学标准，共同编写教学内容，共同建设培训基地，共同培养校企导师，共同实施教育教学，共同进行考核评价，实现双元招生、双元计划、双元教学、双元管理、双元评价、双证就业。

（二）推进招生招工一体化

佛山市采用招生招工同步、先招生后招工、先招工再招生、先招生 - 后招工 - 再招生等模式，探索完善职业院校招生录取和企业用工一体化的招生招工制度，签订三方/四方协议，规范招生录取和企业用工程序，明确学生（徒）双重身份，确保学校、行企、学生（徒）三方权益，明晰学生（徒）具体的岗位培养和权益保障，按学校与企业共同设置的工作岗位进行培养。

1. 招工招生同步

在佛山职业技术学院试点专业通过现代学徒制自主招生计划，探索高职新生招工与招生同步运行模式。校企共同制定招生招工方案，共同完成招生的命题、考试和录取工作，共同招收应届中职和高中毕业生，共同开展现代学徒人才培养。佛山职业技术学院物流管理等4个试点专业分别与佛山海尔冰柜有限公司等5个企业合作，招生117人。

2. 先招生后招工

推广顺德区陈村职业技术学校与广东科达洁能股份有限公司在数控技术应用等专业的实践经验，在7所中职学校实行先招生后招工，具体根据学徒培养的岗位特点和课程需要，由企业和学校在第1学期至第4学期招收学徒，共招生987人。

3. 先招工后招生

在佛山职业技术学院，通过工商企业管理等2个专业与佛山三水乐平工业园海尔电冰柜有限公司等园区内先进制造业企业合作，针对企业岗前培训和在岗在职培训需求，先招工再招生，共招生141人（试点期间），累计培养393人。

4. 先招生—后招工—再招生

通过南海信息技术学校与广州番禺职业技术学院中高职衔接，与广东泰格威机器人公司合作，第6学期由企业招考学徒（招工），并由高职学校在现代学徒制招生计划中自主招生，共招收29人。

（三）完善人才培养制度和标准

印发《佛山市职业教育现代学徒制试点教学管理实施意见（试行）》和《机器人应用与维护专业现代学徒制人才培养教学指导方案（试行）》等相关指导性文件，从人才培养方案编制，课程体系建设，教学组织实施，教学质量监控与评价等方面指导试点单位，建立规范的教学文件和科学的管理制度，编制课程标准（大纲）、考核标准，全面保证人才培养质量。

试点单位在调研论证的基础上，全面分析典型岗位任务和岗位标准，共同制定了基于岗位工作内容、融入国家职业资格标准的汽车运用与维护等9个专业现代学徒制人才培养方案，全面构建了试点专业校企共建、有效对接的岗位课程体系；根据岗位标准编制了数控技术应用等专业现代学徒制教学标准（大纲）45个；编制了机器人应用与维护等9个专业现代学徒制教学考核方案；研制了模具制造技术等5个专业第三方考核标准；编写了现代学徒制培训教材4本；编制了一批职业素养、岗位教学讲义和学徒工作页（任务单）；搭建了信息化教学平台，积累了一批互助共用的教学资源与素材。

佛山市全市开展了11个现代学徒制课题研究（8个省级，3个市级），公开出版了校企共同开发的《工业机器人智能装配生产线装调与维护》《拉链模具设计与制造技术》等6本专业教材，公开发表了33篇教学论文，被省教育厅收编了4篇经验论文，形成了10个典型案例。

（四）建设校企共建互聘共用的教师队伍

印发《佛山市职业教育现代学徒制试点导师队伍建设实施意见》，明确企业导师、学校导师遴选条件，建立互聘共用、合作共育的双导师机制，打造高素质现代学徒制导师队伍。

试点单位通过对应制定现代学徒制双导师互兼互聘实施细则，逐步优化现代学徒制双导师配置结构，组建了由企业经营管理人才、技术技能人才与学校管理人员、骨干教师组成的双导师队伍。

校企共同制定现代学徒制师傅带徒相关制度及考核方案，对企业导师进行考核和激励奖惩，学生（徒）在校培养时，由校企导师交替教学，在企业岗位培养时，由企业导师主导岗位教学，学校导师参与理论知识教学。校企导师双向挂职锻炼，定期开展专题研讨学习，促进导师素质与能力提升。试点以来，全市试点学校共聘任企业导师111人，企业共聘任学校导师81人，互聘导师总数192人，师徒比为1:4.3。

（五）建立现代学徒制的管理制度

相继印发《佛山市职业教育校企合作共建实训基地资产管理办法》等8项现代学徒制配套管理制度，从教学管理与运行、考核机制与标准、质量监控与督查、学生权益与保障等方面逐步构建实施现代学徒制人才培养制度体系。

试点单位认真试行市级管理制度，根据校企实际完善细则、健全机制，细化了现代学徒制教学质量监控与评价、班级内涵建设、学分制管理、学生岗位培养、导师管理等操作办法，规范了产业学徒培养过程管理。

典型做法六——招商局物流集团上海有限公司
（第一批试点企业）

2014年6月国务院颁布《关于加快发展现代职业教育的决定》（国发（2014）19号）指出"引导社会力量参与教学过程，共同开发课程和教材等教育资源"，"鼓励行业和企业举办或参与举办职业教育，发挥企业重要办学主体作用"，"鼓励多元主体组建职业教育集团。育中的主体作用，承担重要责任。根据国家相关政策的鼓励，招商物流希望能够利用自身先进的标准化管理优势，完善的人才培养体系，以及肩负起社会责任，积极参与到职业教育现代学徒制建设中，与合作院校一起积极探索建立校企联合招生、联合培养、一体化育人的长效机制，完善学徒培养的教学文件、管理制度及相关标准，推进专兼结合、校企互聘互用的"双师型"师资队伍建设，逐步建立企业和职业院校双主体育人的中国特色现代学徒制。

招商局物流集团上海有限公司作为招商局物流集团的下属一级子公司，肩负管辖整个华东区域发展的重任，一直以来积极响应物流集团的号召，并立足自身需求，重点与上海城建职业学院共同试点学徒制人才培养项目，并结合已有的深度合作成果，利用企业自身场地和真实业务环境，尝试与多所合作院校的物流等相关经管类专业建立教学、实训、教研和科研基地，共同探索以物流管理专业为主的经管类职业教育学生的职业教育现代学徒制培养模式，培养符合区域经济和行业需求的职业教育人才。合作共建中将实现：研究物流行业的人才培养模式，共同创建物流行业的职业教学及培训基地；解决职业教育院校物流师的来源和培训问题，建立物流行业职业教育资师资培训或工作基地；探讨物流专业职业教育的竞赛和评估标准，建立职业教育物流专业的竞赛基地和认证基地；带动经管类职业教育相关专业的培养模式探索；努力实现促进行业、企业参与职业教育人才培养全过程，实现专业设置与产业需求对接，课程内容与职业标准对接，教学过程与生产过程对接，毕业证书与职业资格证书对接，职业教育与终身学习对接，提高人才培养质量和针对性。

试点主要做法如下。

（一）探索校企协同育人机制

招商局物流集团上海有限公司与上海城建职业学院共同成立现代学徒制以企业和学校第一负责人为项目核心领导的试点项目领导小组和工作小组，明确职责及分工，制定工作章程及协调机制。相继出台了《现代学徒制项目指导委员会工作章程》《现代学徒制人才培养三方协议》《师傅管理办法》《学徒学习及考核管理办法》《学徒安全生产管理办法》等。

（二）探索招生与招工一体化

在招生政策的约束下，尚不能实现"招生即招工"的一体化模式。但是，学生在入学的第一周，专业组织学徒制培养的宣讲，项目工作委员会指派对有意向的学生进行面试，并组织成立学徒班。学徒一旦被企业和学校录用，即具备企业员工和职业院校学生双重身份，并且学徒、学校和企业签订三方协议，明确各方权益及学徒在岗培养的具体岗位、教学内容、权益保障等。

（三）建立健全现代学徒制人才培养模式

1. 人才培养目标定位

通过校企共同配置资源，试点以现代学徒制为特征的人才培养模式，使学生能够在学校的三年学习期间内做到由一个对物流企业—无所知的学生转换为一个可以直接上岗作业的高技能企业员工，其具体目标可以包括如下。

（1）学生/员工毕业时达到企业对应岗位直接入职作业的标准。

（2）学生/员工具备在企业对应岗位发展职业链上的拓展型知识储备。

（3）学生/员工具备进入岗位后的基本社会认知和交际能力，能直接融入企业氛围，不会出现不良的心理抗拒反应。

（4）学生/员工基本完成未来职业生涯的定位。

2. 培养方案制定

按照"合作共赢、职责共担"原则，由"现代学徒制试点项目"委员会主导，根据行业标准、企业需求、学校育人需求，以行业人才培养为目标，结合企业与学校双方的优势资源，校企共同设计人才培养方案，共同制定专业教学标准、课程标准、岗位标准、企业师傅标准、质量监控标准及相应实施方案。

以"现代学徒制试点项目"委员会为主导，设计行业人才培养方案，组织行业专家、职教专家、骨干教师等论证人才培养方案以及"工学交替"学制安排的可行性，建立保障制度与管理办法，确保人才培养方案得以顺利实施。

以行业标准为指导，以招商物流用人需求为核心，确定人才培养目标。把"立德树人、促进人的全面发展"作为现代学徒制开展的根本任务，切实提高物流行业生产一线员工的综合素质和人才培养的针对性。

以招商物流岗位标准和典型工作过程为基础，制定专业教学标准、企业师傅标准、质量监控标准。实现课程内容与职业标准对接，教学过程与生产过程对接。

3. 课程体系开发

根据招商物流乃至全行业紧缺物流人才需求，确定学徒岗位及晋升岗位，通过调研分析岗位能力需求，校企共同确定课程体系，充分发挥"双导师"在课程设计及实施中的积极作用。

（1）明确学徒岗位与晋升岗位

学徒岗位：仓管员、调度员仓库、物流客服、单证员、物流系统操作、物流质量控制员等。

晋升的岗位如下。

仓储部：仓储主管、单证主管、质量控制主管、盘点主管。

运输部：项目主管、调度主管、客服主管、单证主管。

技术安全部：技术安全主管。

订单及质管中心：订单主管、质量控制主管、成本核算主管。

（2）分析学徒岗位能力

根据校企双方前期对岗位能力的分析，总结提炼出现代物流人才的三大核心能力，即仓储配送及运输业务作业及管理能力、物流信息系统应用操作及管理维护能力、物流信息技术应用能力。针对学徒岗位再进行细化的岗位调研，分析岗位能力目标，编制学习工作任务，规划岗位实践过程，形成教学体系。

（3）建立以岗位核心能力为导向的专业课程体系

围绕学徒岗位的三大核心能力，即仓储配送及运输业务作业及管理能力、物流信息系统应用操作及管理维护能力、物流信息技术应用能力，设置专业主干课程，物流信息系统应用重点围绕物流四大业务模块，即运输、仓储、配送、货代与报关，设置专业课程。

4. 合理安排现代学徒制实施进程

现代学徒制的实施过程及主要环节与教学计划相融合，充分体现工学交替的教学体系，主要分为"企业认知实践、岗位认知实践、融岗实践、轮岗实习、定岗实习"五个环节，每个环节都有相应的实践实施计划、实践指导书、考核方案等，学徒按照四个运作部门的三年学徒地图进行学徒制学习。

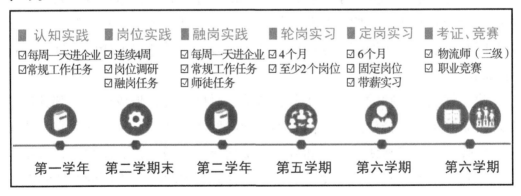

图 2-12　现代学徒制人才培养实施过程

将在校学习与企业实践紧密结合，实现"工学交替"式的师徒制实践教学体系。学校主要承担系统的专业知识学习和技能训练；企业师傅带徒形式，依据培养方案进行岗位技能训练，真正实现校企一体化育人。在校学习过程中，招商物流的师傅进课堂，传授工作理论与方法，参与课程评价；在企业实践过程中，学校老师到招商物流，引导学生理论与实践相结合，做好工作方法的总结和提炼，参与企业实践评价。双导师制渗透到每一个课程和教学环节，优势互补，共同育人。

5. 建设校企互聘共用的师资队伍

打造学校导师、企业导师"双导师"专兼职师资队伍，建立一支高素质的数量庞大的师傅队伍，关系到学徒制实施的成功与否。学徒制师傅的选拔，通过公开招聘、企业推荐、实习生推荐等多种形式，将那些敬业爱岗、作风正派的能工巧匠、业务骨干、技术能手等纳入到师傅资源库。加强师傅之间、专任教师和师傅之间、师徒之间的交流和沟通，总结推广成功的经验；要引导学校导师深入企业拜师，学习业务技能；同时要加强对企方师傅的培训和指导，使其尽快成长为一名德艺双馨的双师型教师，从而进一步建立健全优秀导师的遴选、培养与弹性聘用机制，让更多行业、企业中的技术能手、业务骨干能有效参与到现代学徒制人才培养过程中来，全面提升师资队伍的业务素质与整体水平。

完善双导师制，建立健全双导师的选拔、培养、考核、激励制度，形成校企互聘共用的管理机制。明确双导师职责和待遇，企业选拔优秀高技能人才担任师傅，明确师傅的责任和待遇，师傅承担的教学任务应纳入考核，并可享受相应的带徒津贴。学校将指导教师的企业实践和技术服务纳入教师考核并作为晋升专业技术职务的重要依据。建立灵活的人才流动机制，校企双方共同制订双向挂职锻炼、横向联合技术研发、专业建设的激励制度和考核奖惩制度。

建立健全双导师的选拔、培养、考核、激励制度，形成校企互聘共用的管理机制。企方与合作院校共同明确双导师职责和待遇，选拔优秀高技能人才担任师傅，明确师傅的责任和待遇，师傅承担的教学任务应纳入企方年度考核，并可享受相应的带徒津贴。要求合作院校要将指导教师的企业实践和技术服务纳入其教师年度考核，作为年度评优、晋升专业技术职务的重要依据。建立校企相互挂职的人才流动机制，促进校企双方双向挂职锻炼、横向联合技术研发。

（五）打造校企互通的实践教学环境

1. 完善校内实践教学环境

对校内实践教学环境的共建将主要通过三种方式实现：对现有校内实训室导入实际业务数据；校企共建实训室实时对接真实业务数据；依托企业实

际工作环境应用真实工作任务。使得校内建设的实践教学环境不仅满足教学要求，还可以应用于企业员工培训，还可以面向同类物流企业员工培训以及兄弟院校物流管理专业骨干教师实践能力提升培训。

2. 新建及改造企业生产环境，建立"现代学徒制融岗式学习基地"

根据"优势互补、共建共享"的原则，新建及改造企业生产环境，建立"现代学徒制融岗式学习基地"，以此充分满足学徒学习、师资培养、行业培训、教研科研、职业竞赛、资格认证的要求。

（六）开展多层次教科研活动

充分利用校方的师资科研力量及企业业务运作资源，开展多层次的教研及科研活动，主要包括以下几方面。

1. 开展面向专业教学与培训的课程资源开发

由校企双方组成的课程开发与设计团队对招商物流各职能部门的相关岗位进行充分调研与分析，根据岗位工作要求及能力需求，共同制定教学与培训课程设计方案。在教学与培训课程开发的过程中，还对相关专业课程的教学资源进行了丰富，将实际业务流程、工作表单、业务数据、管理方法等应用于校内专业课程教学与企业行业人员培训。

2. 开展面向企业业务运作的科研工作

由企业业务骨干和学校科研骨干共同组成业务咨询研发团队，对当前业务运作及未来规划发展等课题立项研究，旨在提高运作生产力，认清业务发展方向，保持成长动力，协助企业实现可持续发展。

3. 开展面向行业的科研工作

校企联合科研团队针对物流行业进行行业调研，分析行业数据，形成行业分析报告，为经济区域内的行业企业发展提供支撑，发挥国有大型企业的社会影响力，侧面引导行业发展，体现招商物流的社会责任。

典型做法七：机械工业教育发展中心（第一批试点行业）

依据《教育部关于开展现代学徒制试点工作的意见》（教职成〔2014〕9号）和《教育部办公厅关于公布首批现代学徒制试点单位的通知》（教职成厅函〔2015〕29号）的有关要求，由机械工业教育发展中心作为行业牵头试点工作单位，结合机械行业校企育人实际，经不断落实和推进，最终遴选确定天津机电职业技术学院、长春市机械工业学校和北京精雕科技集团有限公司等三个试点单位，联合开展牵头试点工作。联合试点单位分别从学校和企业的角度，围绕培养什么样的装备制造类人才，如何实施"师育徒"的教育模式，探索以行业引领的校企共育的现代学徒制人才培养体系和机制，创新技术技能人才培养与评价模式。试点主要做法如下。

（一）组建了试点工作领导小组和组织机构

2016年9月份，在教育部审核通过的工作任务书基础上，专门发文成立了工作领导小组和组织机构，建立了工作机制。

1. 成立试点领导小组。成立了由机械工业教育发展中心陈晓明主任担任组长，房志凯副主任为副组长，各试点院校、企业负责人为组员的领导小组。各联合试点单位建立以院、校长和企业负责人为组长的执行小组。领导小组下设办公室，办公室设在机械工业教育发展中心产教合作处。

2. 明确了工作职责。领导小组负责试点工作总体方案设计与实施，监督和指导各联合试点单位的推进情况。各联合试点单位执行小组负责具体按照行业总体方案要求，结合各自单位情况，推动落实各项任务。办公室负责日常联系、沟通工作。

3. 建立了工作机制。一是行业组织每年召开一次现代学徒制试点工作推进会议，交流经验、查找问题，研究下一步对策；二是领导小组不定期召开专题会议，讨论确定各项具体工作要求和推进方案；三是严格督办落实机制。对各类事项进行全程跟踪，及时进行督办，及时发现问题，防范于未然。

（二）初步建立起校企协同育人机制和人才评价标准体系

1. 推进了招生招工一体化建设。按照工作任务书要求，行业制订了招生招工一体化的配套制度，联合试点单位确定了校企联合招工招生工作方案，确定联合招生方式，明确学生、学徒身份。按照要求，由院校和企业签订合同或协议，即学徒、学校和企业签订的三方协议，明确各方职责和义务等内容。以学校招生生源和招生类型为依据，按照企业招工的岗位需求，要求各联合试点单位确定一定比例的招生计划用于现代学徒制试点。

2. 明确了合作育人培养模式。以企业用人需求为目标，行业牵头组织专家组，专题研讨现代学徒制下校企合作育人培养模式，并制订了行业合作育人的方案和标准要求；在组织推进过程中，组织联合试点单位，共同研讨，探索确定了"学生→学徒→准员工→员工"四位一体的人才培养总体思路，并积极实践了学生第 1 - 2 学年在学校完成文化课程学习任务同时，对接企业进行技能的锻炼，掌握专业所需各项基本技能，第 3 学年让学生真刀真枪践行企业工作和企业文化。同时，实施师傅带徒弟，确保学生切实掌握实习岗位所需的技能。

3. 建立了人才培养持续深入的合作机制。行业牵头组织专家制订了人才培养配套机制，特别是针对合作期间的成本分担、学生管理与安全等重点方面，明确了双方约定事项。在实践过程中，逐步探索出较为可行的方案，即学校承担学生在校期间的安全，负责帮学生购买责任、工伤保险等，企业负责学徒在企间安全并购买各类保险缴纳；校、企有专人负责学生（学徒）学习（实习）管理，并应相互沟通、交流，对学习（实习）情况相互掌握，并进行分析评价，学校专人常驻企业，共同负责学生管理。

（三）建立了行业现代学徒制管理制度

根据《教育部关于开展现代学徒制试点工作的意见》（以下简称《意见》）（教职成〔2014〕9 号）的有关要求，结合试点单位具体情况，行业牵头组织制定了《现代学徒制教学管理指导意见》《现代学徒制学分制管理办法》《弹性学制管理办法》等 9 个制度，主要是针对工作任务书中目标任务，围绕在招生招工、教学组织管理、人才培养方案制订、课程体系建设、教学组织实施、教学质量监控与评价和教学团队建设等重点环节，分别制定了针对性的指导性制度，规范了现代学徒制试点单位的平稳、有序地运行。

（四）基本探索形成现代学徒制人才培养制度和标准

1. 行业统筹，结合校企发展，准确定位人才培养规格。依托机械工业教育发展中心的统筹协调作用，根据区域经济发展趋势，结合学校、企业自身发展需求，制定了以行业、企业用工和现代产业用人标准为要求，以学生（学徒）技能培养为核心，以专业创新、课程改革为纽带，以学校、企业的协同参与，教师、师傅的联合深入教授为支撑的校企交替培养的人才培养方案。

2. 系统设计，遵循人才培养规律，培养学徒（学生）职业素养。校企共同开发基于工作过程的专业课程体系、基于典型工作任务的专业课程内容、基于工作岗位内容和国家职业资格标准的专业教材和教学内容。在课程体系中课程的设置和选择、教学环节的设计与要求等方面，遵循职业院校学生的人才培养规律，注重共性与个性、统一性与灵活性的结合，充分考虑学生在基础、兴趣、特长、能力等方面的差异；注重培养了学徒（学生）的职业素养。

3. 科学考核，考试形式灵活多样，提高学徒（学生）职业能力。现代学徒制教学模式与传统的职业教育相比，在现代学徒制的考核过程中，更加突出对于学徒（学生）的实践能力和职业能力的培养。以能力考核为核心，实施多方法、多途径的评价方式。广泛运用小测验、大作业、网络互动、现场操作/演示、作品展示、论文、实习报告、研究报告等多种形式的考核方式，确保课程考核方式更加科学化。

（五）完善了校企互聘共用师资队伍的机制

1. 推动了双师互聘落地。按照行业指导意见和相关制度要求，试点单位将学校教师参与企业科技研发、技术培训服务等纳入教师岗位工作职责，作为绩效考核和专业技术职务晋升的重要依据。同时，建立学校内部激励机制，设立企业技师职业教育专项资金，用于人才培养、项目研发等工作。此外，建立企业技师绩效考核机制，对企业技师进行绩效评价，通过奖励激发企业技师的工作热情和使命感，进而培植并壮大符合现代学徒制要求的企业技师队伍。

2. 建立综合考核评价方法，调动工作积极性。充分考虑试点单位、学生以及企业等多方意见，将企业导师在职业院校的教学管理工作纳入员工的考核评价体系，根据校方的综合反馈规范企业导师的教学行为，引导其健康成长、促进个性化发展。调动企业导师参与企业相关岗位实践技能教学工作的积极性，企业设立学徒岗位技能指导专项津贴，据考核评价结果发放。对于到企业进行专业技能提升和实践的学校教师，企业根据教师的职业能力，安排相应工作岗位。由企业设定岗位规范化建设、实际技术问题攻关等职责，促进企业技术领域提升。对于取得突出贡献的教师，企业设定相应奖励。

第三节　总结与启示

无论是德国"双元制"模式、美国的注册学徒制、澳大利亚的"新学徒制"模式，由几个典型的西方国家的现代学徒制实施情况可以看出，其人才培养模式、实施路径各有千秋，但殊途同归，作为跨界融合的现代学徒制，通过教育法、职业教育法、劳动法、劳动合同法等法律来规范企业和学徒之间的关系，明确现代学徒的身份、权利、义务，有利于现代学徒制更好起到培养技能型人才的作用。在我国现代学徒制在实施过程中，理论与实践成果颇丰，例如：①清远职业技术学院首次总结出了现代学徒制的基本内涵特征——校企双元育人、交替训教、岗位培养，学徒双重身份、工学交替、在岗成才；形成了推进现代学徒制的一般方法、基本手段和技术路线等实践操作经验，得到社会的广泛认可和推广应用，成为广东省推进现代学徒制的核心内容。二是，实践典型案例。医学美容技术专业自2012年成为现代学徒制试点专业，连续6年招生，从专业教学标准建设、双主体育人等内涵建设方面，为我国现代学徒制专业提供了典型实施范例。②浙江建设职业技术学院以基于"1+1+X"行业联合学院现代学徒制探索与实践为课题切入点，构建了多方联动的"场中校"实训基地，以真实工作项目为载体，以真实施工现场为课堂，以技术骨干为教学主体，以现场操作技能为标准，以解决实际问题为宗旨，让学生在实际的职业环境中顶岗实习，让教师主动到基地挂职锻炼，让企业能工巧匠融入到现代学徒制试点项目中来，实现教学环境与工程现场对接。③黑龙江建筑职业技术学院全面探索实践"工学轮替、岗位成才"的现代学徒制特色人才培养模式；校企共同设计人才培养方案，共同制订专业教学标准、课程标准、岗位标准、企业师傅标准、质量监控标准及相应实施方案。校企共同建设基于工作过程的专业课程和基于典型工作过程的专业课程体系，开发基于职业岗位工作内容、融入国家职业资格标准、企业岗位标准的专业教学内容和教材。④广西水利电力职业技术学院探索形成了广西民族建筑"新型承创人才""双1234"培养模式，在此基础上融入了课程思政、优秀的中国传统文化、法律意识以及职业素养等内容，教学实践成果显著，人才培养规格得到了很大的提升，丰富了现代学徒制的内涵，为现代学徒制的实施路径以及方法提供借鉴思路。⑤广东省佛山市以"岗位培养，协同育人"为核心，探索形成了"1+N+"的现代学徒制人才培养校企合作模式、专业特色化的校企协同育人模式、校企双轨并行和中高职合作的招生招工一体化模式等实践推广范式。⑥机械工业教育发展中心探索了"一（一个标准、一个学校、一个专业）对多（行业内多家优质企业）"的人才培养模式，各试点单位依据自身专业优势。

笔者认为，现代学徒制目前在我国尚处于试点探索阶段，不管是从国家层面、行业层面，还是企业和院校层面，都无法对现代学徒制的发展给出明确的路径和唯一的答案。因此，应该按照《意见》中提出的"鼓励基层首创"的指导思想，鼓励行业、企业和职业院校根据自身实际情况大胆探索尝试、勇于突破。

几点建议或策略：①建议国家采取大幅提高税收减免或实施专项经费补贴等方式，用于弥补参与现代学徒制企业的生产损失，建立"教育型企业"政策保障机制，从而调动和鼓励企业参与的积极性；②建议加大各级财政投入力度，国家和省可安排专项资金，用于在职业学校实践性、技术性较强的专业领域全面推行现代学徒制，以及职业学校建设跨企业培训中心和企业岗位技能实训基地，购买行业组织和企业的服务等等，满足现代学徒制工作深入开展的需要；③建议国家相关部门尽快出台相关政策，允许职业学校兴办非盈利性实习企业，以及组织社会培训活动，让学校释放更多办学活力，促进产教深度融合。

第三章 现代学徒制在广西少数民族地区的实践

第一节　广西少数民族地区开展现代学徒制人才培养情况

2014 年，《国务院关于加快发展现代职业教育的决定》将现代学徒制试点列为推进人才培养模式创新的重要工作：要加快发展现代职业教育，积极开展校企联合招生、联合培养的现代学徒制试点，完善支持政策，推进校企一体化育人。自 2015 年 8 月开始，国家教育部分三批遴选了 500 多家现代学徒制试点单位，其中包括各地市、企业、行业和院校等多种类型，覆盖 1000 多个专业点，现代学徒制在全国范围内的试点改革进入全面实践和探索阶段。2019 年，教育部印发《关于全面推进现代学徒制工作的通知》，要求总结现代学徒制试点成功经验和典型案例，在国家重大战略和区域支柱产业等相关专业，全面推广政府引导、行业参与、社会支持、企业和职业学校双主体育人的中国特色现代学徒制。

广西结合区域经济发展积极开展现代学徒制试点，广西柳州市地方政府、区内各职业院校经过几年的积极探索、学习、融合、借鉴，不断地克服艰难险阻，勇于拥抱创新，在实践探索和创新中，积累了宝贵的现代学徒制试点经验，提高了各职业院校教师的专业能力和教学管理水平，对教学内容和实施方式进行了改进，现代学徒制人才培养质量得到有效提高，已经逐步形成具有广西民族区域特色的现代学徒制育人模式。

一、广西少数民族地区职业教育现代学徒制发展现状

2015 年 8 月，《教育部办公厅关于公布首批现代学徒制试点单位的通知》（教职成厅函［2015］29 号）公布了广西交通职业技术学院、广西建设

职业技术学院、广西职业技术学院 3 所高职院校获批为国家教育部首批现代学徒制试点院校。2017 年《教育部办公厅关于做好 2017 年度现代学徒制试点工作的通知》（教职成厅函 [2017] 17 号）公布广西工业职业技术学院、广西电力职业技术学院、广西工商职业技术学院等 5 所高职院校获批国家第二批现代学徒制试点院校。2018 年《教育部办公厅关于做好 2018 年度现代学徒制试点工作的通知》（教职成厅函 [2018] 10 号）公布广西水利电力职业技术学院、广西农业职业技术学院和广西理工职业技术学校获批国家第三批现代学徒制试点院校。2018 年 6 月，自治区教育厅正式印发《自治区教育厅关于公布自治区首批现代学徒制试点单位的通知》（桂教职成 [2018] 27 号），公布 34 家自治区级首批现代学徒制试点单位。其中，广西理工职业技术学校、广西机电工程学校和广西梧州商贸学校等 16 所中职学校成功入选，广西建设职业技术学院、广西职业技术学院、广西交通职业技术学院和广西工业职业技术学院等 16 所高职院校入选。

二、广西少数民族地区职业教育现代学徒制实施情况

通过文献查阅、走访调研，梳理了广西柳州市地方政府、区内职业院校的现代学徒制试点实施情况，总结经验如下。

高职院校 A 结合本校办学特色与理念，在校企合作背景下，A 高职院校茶树栽培与茶叶加工专业的现代学徒制人才培养试点工作开展得非常以顺利。在现代学徒制实施的过程中逐渐形成了"四三三"人才培养特色途径，即对应 4 个岗位群、依托三个平台、实施三茶创新创业实践教育。"四"是指对应 4 个岗位群根据学生就业岗位，现代学徒制人才培养对应 4 个岗位群即茶茶园生产岗位群，茶叶加工与质量检验岗位群、茶叶营销与业务管理岗位群、茶艺培训与茶艺服务岗位群。"三"是依托三个平台开展现代学徒制人才培养即通过广西茶文化研究会、广西茶业买业教育集团和广西职业技术学院茶博园三个平台培养专业人才。"三"是指在现代学徒制人才培养过程中，实施"三"茶创新创业实践教育：通过茶园、茶厂和茶馆（茶庄）开展创新创业实践教育。根据这些岗位（群）的工作要求、分析所需的知识和技能，构建了专业课程体系，在专业学习领域课中又包括"专业基础课""专业技术课"和"综合实践"三种类型课程，同时将企业实践课纳入

专业技术课和综合实践课程中，根据茶叶生产季节的特殊性，安排相应时间到相应茶企进行企业实践锻炼，形成了"旺工淡学"的工学结合的"现代学徒制"人才培养方案。在试点过程中引入行业协会、职业教育集团和企业三方人才培养教育平台，有力推动了该特色专业的人才培养模式创新发展。

高职院校 B 与企业深度融合，共同开展工学结合的人才培养模式，在学生不同的培养阶段重新定位职业能力发展目标，使职业基础能力、核心能力和综合能力与教学内容，专业教师与企业技术骨干，顶岗实习和创业就业，生产任务课程、技能鉴定技术和课程评价考核紧密结合。

高职院校 C 通过与行业企业集团合作办学，校企双主体共同制定现代学徒制顶岗实习工作制度和教学考核评价管理制度，双导师团队实时更新教育理念和教学内容，按照行业职业标准和企业岗位标准制定专业课程标准，完善校内实训和校外实践教学管理制度，指导学生有效开展专业项目教学。融合校企双方主体的资源优势，拓展学生理论知识积累和丰富技术技能经验，使校企协同、工学交替和产学研教学很好地融入学徒制人才培养模式中。

高职院校 D 根据特色专业群的教学资源优势，校企共建现代学徒制特色的人才培养目标和培育模式，将基于专业群和岗位群典型工作任务目标的专业理论知识和专业技术技能进行成果转化，构建了以工作过程为导向的教育教学、技术技能和素质培育一体化教学体系，以专业认知、课程训练、技能培养、综合技术训练、创新就业能力培养和综合项目实习实训为教学工作过程的科学合理的实践教学体系，以学生职业认知、职业观念、职业心理、职业道德培育为主体目标的职业素质养成体系，有力提升高职大学生综合职业素质。

高职院校 E 将打造具有高水平教学教育能力和实训实践能力的双师型教师团队作为本校建设现代学徒制试点的重点工作，校企联合制定一系列现代学徒制双导师教育教学资格标准、学历学位标准、技术技能标准等，从校内专业教师和企业优秀师傅中优选德才兼备的导师，共同参与现代学徒制人才培养全过程。校内专业教师的专业实践技术技能和企业优秀师傅的教育教学能力得到全面提高。

　　高职院校 F 通过与合作企业构建"双身份学徒班"招生招工一体化机制，开展"双基地轮训"模式实践课程教学，构建基于岗位群标准能力目标的课程体系和多方参与的考核评价机制，创造出"师徒传带"实训教学运行机制和"协同创新，产学结合"教学模式，形成了具有本校办学定位和专业人才培养目标融合互通的"双元培养"现代学徒制实施方法。

　　高职院校 G 根据合作企业岗位需求和职业标准，校企共建专业课程体系并开发工学结合教学资源库，营造校内外实践实训工作环境，在专业理论教学和虚拟仿真实训中结合企业实验项目和企业专业文化，使教学实践、研发培训和社会服务融入现代学徒制人才培养模式中。

　　中职教育方面，中职院校 H 突出专业在行业产业群的优势，由学校、行业和企业共同承担现代学徒制人才培养模式的制订和完善，制订符合行业产业发展需要的教学计划和课程内容，逐步更新教学理念和教学方法，并完善了校行企多方主体的考核评价模式，进一步提高了毕业生的实习质量和社会就业竞争力。

　　高职院校 I 建筑室内设计专业于 2017 年获批成为国家第二批现代学徒制试点专业并于 2018 年获批为广西首批现代学徒制试点专业经过 3 年的探索和实球逐步形成了具有广西特色的"双导师育人 + 四化课程体系 + 三段式育人 + 四种身份"现代学徒制人才培养模式（简称"二四三四"现代学徒制人才培养模式）"二四三四"现代学徒制人才培养模式是建筑室内设计行业特点与建筑室内设计专业人才培养特点自然结合而形成的一种工学结合人才培养模式。柳州特色现代学徒制的形成过程可分萌芽、探索、形成、深化四个阶段。论述其构建完整的政策体系和有效运行机制、开展职业教育国际化发展行动计划、形成高职牵头下的中高本协同发展方略等实施举措并从形成柳州特色现代学徒制人才培养理论、建立政府主导的现代学徒制政策体系等方面总结其特色与成效。在提炼"职业学校发展与企业成长依存共进""校企一体育人"等现代学徒制本质特征的基础上，结合柳州市职业教育以服务区域经济转型升级发展以及产业国际化为导向的实际，总结凝练形成"政府主导、国际引领、高职牵头，中高本协同发展"的柳州特色现代学徒制人才培养模式和实施指导方案。

第二节 现代学徒制在广西少数民族地区的典型做法

典型做法一：广西理工职业技术学校（第三批试点院校）

广西理工职业技术学校是国家公办中专学校，是第一批国家中等职业教育改革发展示范学校，是国家重点中专学校，是广西第一批中等职业教育五星级学校。学校占地面积35.91万平方米，现有在校生44963人。设有陈良国家教学名师工作室、广西理工名师工作坊、伦洪山技能大师工作室、民族掐丝技艺名师工作室、秋怡德艺双馨工作坊，学校还是自治区贫困村劳动力转移就业培训基地、国家建材特有工种技能鉴定站、中国建筑装饰协会培训工作站、信息产业部电子计算机行业技能鉴定站等10个实训考证基地。

广西理工职业技术学校自2018年8月被教育部列入第三批现代学徒制试点单位（教职成司函〔2018〕41号）以来，该校根据教育部《关于做好2019年现代学徒制试点年度检查和验收工作的通知》（教职成司函〔2019〕60号）要求，积极开展试点建设，设立了校企联合工作领导小组，组织领导和骨干外出进行学徒制培训7人次，全面推进2个专业学徒制试点工作。

广西理工职业技术学校通过校企共同努力，该校初步架构了校企协同"双主体"育人机制；校企联合招收学徒（学生）共155人，其中汽车运用与维修专业2个年级共100人，数控应用技术专业1个年级共55人；汽修专业创新了"岗位主导，二次分流，能力递进"的人才培养模式，数控专业创新了"产教融合，能力梯次提高"的人才培养模式，同时，构建了2个试点专业的课程体系，完成岗位标准6个，核心课表2门，学徒制校本教材2本；培养及互聘学校导师14人、企业导师11人，初步建立了互聘共用的"双导师"团队；初步制定了一整套学徒制管理制度和办法。试点主要做法如下。

一、构建校企协同"双主体"育人机制

（一）建立现代学徒制校企双主体运行组织构架

自2015年开始，我校积极开展现代学徒制人才培养探索，与企业签订

联合培养协议,进行企业冠名班和现代学徒.制并行的人才培养试验。2018年学徒制试点申报获得批准后,我校开始按照现代学徒制要求,通过深化校企合作培养人才。学校现代学徒制试点项目设有2个试点专业:汽车运用与维修、数控技术应用,分别与上汽通用五菱汽车股份有限公司、广东长盈精密科技有限公司等企业深化合作开展现代学徒制试点工作。

为保障现代学徒制试点工作的顺利推进,学校与合作企业共同设立了现代学徒制项目工作领导小组,由学校领导和企业主管领导担任组长和副组长,学校专业系部主任、骨干教师和企业部门主管担任小组成员,校企共同加强项目的全面、全程管理,确保建设项目的落实。下设工作办公室,负责制定和落实项目方案的实施、推动、检查等工作。同时成立各试点专业实施工作小组,按照学校的《现代学徒制项目试点建设任务书》中的要求,负责各分项目的实施,确保此项工作的顺利进行和预期目标的实现。建立项目建设监督小组,依据项目建设任务书的预期目标和验收要点,对各项目建设工作的进度和质量实行监督检查。

项目实行小组例会制和建设情况检查通报制度,定期检查并公布项目进展情况,组织会议向学校领导、企业领导汇报,及时反馈项目执行过程中存在的问题并进行整改,确保项目按照既定的质量标准和进度完成。

(二)校企双主体推:进现代学徒制长效运行

项目由我校牵头,以"上汽通用五菱""长盈精密"等公司作为现代学徒制的企业主体,签订现代学徒制校企合作人才培养协议,校企共建现代学徒制领导及教师团队,互设现代学徒制培养基地,校企联动实施"现代学徒制"岗位技能人才培养。

学校提供学徒基地的校内实训场地,负责牵头共建校企学徒制项目运行团队、导师团队,对企业导师进行授课技能培训,负责招收学徒及开展学徒日常教学、学籍管理等事项,承担校内实训耗材、学徒导师的校内培训指导费及课酬等相.关费用;合作企业提供校内场地所需的实训教学设备工具、校外培训及住宿场地,负责配合学校进行项目运行团队、导师团队的建设,对学校教师进行生产性实践培训,承担校外学徒基地的生产性耗材及相关费用等。

二、推进招生招工一体化

基于学徒制人才培养协议，该校制定了《关于成立现代学徒制试点项目招生招工工作小组的决定》，努力推进招生招工一体化工作。

表 3-1 推进招生招工一体化完成情况一览

建设内容	2019 年度建设目标	2019 年验收要点	中期计划	完成情况	完成度
招生招工一体化	1. 制定校企联合招生/招工的工作方案 2. 开展招生/招工的工作，建立本年度学徒制试点 3. 开展学徒制学徒实习、就业工作。	制定 2018 年度校企联合招生/招工的工作方案	制定	已制定	100%
		制定现代学徒制学徒遴选标准	制定	已制定	100%
		2017 级学徒制汽修班招生； 2018 级学徒制数控班招生	60 人 30 人	60 人 55 人	100% 183%
		签订 2018 年度学徒和企业、学校和企业的双方协议	90 人	115 人	128%
		推荐 2017 级学徒实习	90 人	115 人	128%

现阶段，汽车运用与维修专业公布了学徒制班级招生/招工方案、相关遴选标准，组织专业教师和企业人员在学生和家长中开展企业宣传和现代学徒制试点班招生宣传，使学生和家长初步认识和了解现代学徒制，进而与上汽通用五菱汽车股份有限公司共同开展学徒遴选工作。

在 2016 级试行学徒制培养的基础上，于 2018 年 9 月在 2017 级汽车运用与维修专业学生中遴选出 60 人正式开始实行学徒制教学；同时，在 2018 级新生入学工作中，校企联合招收了 150 名"宝骏班"、100 名"长盈班"大班新生。2018 级经过第一阶段培养，至 2019 年 8 月，在学徒制大班第一次分流中，2018 级"宝骏班"遴选出 40 人、"长盈班"遴选出 55 人进入第二阶段学徒制教学实施，形成了 2017 级和 2018 级共同开展了梯队培养。

学校、企业、学徒三方通过会议，明确了学徒和学生的双重身份以及学徒在岗培养的具体岗位、教学内容、权益保障等相关事宜。校、企、生三方签订了三方协议，企业负责为学徒缴纳相关保险，提供安全健康的学习、工作环境和工作制度，进行安全防护知识、岗位操作规程教育和培训，与学校一起负责学徒在岗工作的日常管理，保障学徒的人身安全与利益。企业严格按学徒教学计划交替训教，进行认知学. 习及岗位培训，根据学徒训练标准安排专业基础技能、综合技能、岗位技能训练。协议中明确学徒可以享受的相关权益，同时明确了学校派遣项目指导教师到厂跟踪岗位群轮训指导。

三、完善人才培养制度和标准

（一）构建 2 个试点专业人才培养模式

该校与上汽通用五菱汽车股份有限公司、广东长盈精密科技有限公司等企业洽谈商讨，积极听取专业指导委员会的意见，对 2 个试点专业的整体建设做出规划，确定了汽车运用与维修专业"岗位主导，二次分流，能力递进"人才培养模式、数控技术应用专业"产教融合，能力梯次提高"人才培养模式的内涵。

1. 汽车运用与维修专业"岗位主导，二次分流，能力递进"人才培养模式实践岗位主导"指本专业课程的设置、人才的培养等始终由对应企业岗位的工作需要来主导。

"二次分流"指在校企两个平台的共同培养下，入学时，学生自由报名，由学校和上汽通用五菱公司共同组织"宝骏班"按大班招生。第一年学习结束前，由校方统一组织考核，结合双向选择，进行第一轮筛选，进行第一次分流。第二年，宝骏班"学徒进入"校中厂"，学习结束，由校企共同组织第二轮考核；考核合格，根据企业需求结合学生个人意愿，安排到上汽通用五菱公司不同岗位，进入第二次分流。第三年，徒弟在"厂中校"相应岗位进行顶岗实习，对不同企业的不同的岗位要求进行有针对性的深入教学，并在一定程度上进行轮岗学习，由此最大限度地接近企业对人才培养的需要。

"能力递进"指在现代学徒制框架下，分为三个能力阶段进行教学设计，分别对应在校三年培养，人才培养中能力依次递进，经历"职业认知""职业认同""职业熟练"三个层次的成长。第一阶段是基础技能阶段，学生在校内基

础实训基地学习，重点学习基础层次的专业技能；第二阶段是认证技能阶段，学徒在校企共建的校内生产性实训基地校中厂"学习，重点学习综合层次的专业技能，并取得相应的劳动部技能等级证书；第三阶段是岗位技

能阶段，徒弟在校企共建的企业"厂中校"学习，重点学习岗位层次的专业技能，取得相对应的企业内部认证。

在校企共同培养下，通过三年的学习，使本专业的毕业生既具备汽车维修高技能人才所需要的专业能力和职业素养，又具有终身学习的能力，学生毕业即能很好地适应工作岗位，还具有一定的创业能力，成为合格职业人。该教学体系通过学徒制的应用，将企业工作过程内容纳入实践课程，强调理论与实践的有机融合，解决应用型人才培养中岗位意识缺乏、实践能力不足的问题。

2. 数控技术应用专业"产教融合，能力梯次提高"人才培养模式

"产教融合"指整个人才培养基于深度的校企合作，学校教育教学过程与企业生产过程对接，实现融教育教学、生产劳动、素质养成、技能提升、科技研发、经营管理和社会服务于一体，其本质是以对接产业发展为先导，以系统培养技术技能为基础，强化实践教育，打破藩篱分割，开展合作育人。

"能力梯次提高"是指把岗位技能转化成递进式的技能实训，并将技能实训项目化，逐渐渗透到教学当中，使学生专业能力按梯次提高，从而最终掌握岗位技能。

由企业专家对实时性教学计划的制定进行指导，校企双方以工学结合为切入点，以培养就业竞争能力和职业发展能力为目标，根据现代学徒制合作企业的用人需求和岗位资格标准，共同明确了人才的三个能力培养目标，即通用能力、专业能力和岗位能力。同时培养学生具有高尚的思想品德、良好的职业道德和行为规范，具有基本的科学文化素养，掌握必需的文化基础知识、专业知识和熟练的职业技能，具备终身学习的能力和适应职业变化的能力，据此制定了人才培养目标，使人才培养对接用人需求、专业对接产业、课程对接岗位、教材对接技能。

（二）专业课程体系建设实施

工作组围绕人才需求，明确了两个试点专业的目标岗位，进行了工作任务分析，梳理了岗位关键任务和核心职责，提炼出完成关键任务所需关键能力，依据关键能力匹配学习目标，继而架构了基于校企分工合作、协同育人的的专业课程体系。整个课程体系按照人才培养方案要求，学生在第一至第二学期，与普通班一起进行基础技能学习。第三学期起，进入有针对性的专

业技能学习，课程由经过合作企业培训考核合格并授予聘书的学校教师主讲，企业不定期安排专家、带徒师傅参与教学。

通过建设，校企联合丰富课程资源库，完成了两门课程的课程标准、考核标准和校本教材，实现了教学对接生产，通过场景教学、模拟教学的手段，实现教学做合一，学生学习效果大大提升。

经过建设，本项目人才培养体系制度已基本形成，具体完成情况见表3-2。

表3-2　完善人才培养制度和标准完成情况一览

建设内容	2019 年度建设目标	2019 年验收要点	中期计划	完成情况	完成度
人才培养模式与课程体系建设实施	1. 初步构建"三阶递进"模式下的现代学徒制人才培养课程体系 2. 结合企业岗位规范，校企共同开发"双轨交替"学徒制课程、教材及教学资源	制定 2 个试点专业学徒制实施性教学计划	各 1 份	各 1 份	100%
		制定典型岗位技能标准	6 个	6 个	100%
		制定核心课程标准	2 门	2 门	100%
		修订核心课程教材	2 门	2 门	100%

四、建立校企互聘共用"双导师"团队

校企共同制订了校企互聘共用教师的实施方案、管理制度、遴选标准、考核标准的初稿，共同制订了校企双方教师的培养方案初稿。通过互聘，建立了以校内专业教师和企业教师组成的专业教学团队，培养及聘用学校导师14人（其中汽修8人，数控6人）、企业师傅11人（其中汽修5人，数控6人）共同担任现代学徒制课程教学任务；在前期工作中，汽修专业派出了10名教师进入上汽通用五菱汽车股份有限公司、数控专业派出了2名教师进入长盈精密科技公司进行培训，取得了相关认证。项目先后组织企业培训2期，上汽通用五菱公司各网点售后部门先后有30人次在我校进行培训。极大提升了"双导师"团队的专业水平和服务能力。经过建设，本项目初步形成了校企互聘共用的"双导师"团队，具体完成情况见表3-3。

表 3 - 3　建立校企互聘共用"双导师"团队完成情况一览表

建设内容	2019 年度建设目标	2019 年验收要点	中期计划	完成情况	完成度
校企互聘共用的教师团队	1. 初步建立起校企互聘共用教师的人才交流机制 2. 加强校企双导师的专业能力和教学能力的培养	制定试点专业学徒制"双导师"校企互聘共用教师实施方案初稿（包含管理制度、遴选标准、考核标准）	各 1 份	各 1 份	100%
		制定学徒制校企双方导师的培养方案	1 份	1 份	100%
		培养汽修教师 培养数控教师	4 名 2 名	8 名 6 名	200% 300%

五、建立体现现代学徒制特点的管理制度

根据人才培养方案，学校制定现代学徒制试点实施方案 1 份，统筹学校各方对于现代学徒制试点的实施。根据实际情况校企共同参与教学管理，制定《广西理工职业技术学校现代学徒制"教学管理办法（试行）》《广西理工职业技术学校学徒制"双导师"校企互聘共用教师实施方案》《广西理工职业技术学校现代学徒制学徒（学生）管理办法（试行）》等一系列文件，建立健全教学管理质量监控和教学评估体系，制定学生成绩评价体系、课堂过程性评价记录册。

经过建设，本项目已初步完成相关配套制度框架，具体完成情况见表 3 - 4。

表3-4　建立体现现代学徒制特点的管理制度完成情况一览

建设内容	2019年度建设目标	2019年验收要点	中期计划	完成情况	完成度
体现现代学徒制特点的管理制度	探索制定人才培养相配套的专业教学运行与质量监控制度，进一步完善现代学徒制实施过程的教学管理。	制定广西理工职业技术学校现代学徒制试点实施方案	制订	已完成	100%
		制定广西理工职业技术学校现代学徒制试点教学管理制度	制订	已完成	100%
		制定广西理工职业技术学校现代学徒制学生（学徒）管理制度	制订	已完成	100%

六、校企融合的实训基地建设

项目组根据校企双方需求，组织双方共同制定了两个试点专业的校内实训及认证培训中心建设规划。按照规划，学校提供了专用实训场地，企业提供了实训设备和相关技术资料。截止目前，校方实训场地已全部到位，上汽通用五菱公司到位实训车8台、零部件1批，长盈公司到位机床（加工中心）20台。企业到位设备合计118套，总价值880万元，均已投入教学实训使用。另外，政府财政支出100万元已经到位，将投入到实训基地建设、师资培养、课程建设中，目前，建设方案正在设计中。

经过建设，校企融合实训基地已经初步形成规模，本项目具体完成情况见表3-5。

表3-5　校企融合的实训基地建设完成情况一览

建设内容	2019年度建设目标	2019年验收要点	中期计划	完成情况	完成度
其他	1. 进行行学徒制人才需求情况调研 2. 建设校内实训及认证培训中心	进行两个试点专业学徒制人才需求调研	调研	已调研	100%
		进行两个试点专业校内实训及认证培训中心建设规划	规划	已规划	100%

典型做法二：广西农业职业技术学院（第三批试点院校）

广西农业职业技术学院（以下简称"学院"）的前身是广西农业学校，成立于1942年，历经南宁高级农业职业学校（1942—1951）、广西革大农林水利专修科（1951—1953）、南宁农业学校（1953—1960）、广西农业专科学校（1960—1961）、广西农业学校（1961—1970）、南宁地区农业学校（1970—1978）、广西农业学校（1978—2002）等多个发展时期，是广西壮族自治区直属的一所以农类专业为主的公办、全日制普通高等职业院校。

根据《教育部关于开展现代学徒制试点工作意见》（教职成（2014）9号）、《教育部办公厅关于全面推进现代学徒制工作的通知》（教职成厅函（2019）12号）和《教育部办公厅关于公布第三批现代学徒制试点单位的通知》（教职成厅函（2018）41号）的文件精神，广西农业技术职业学院成作为第三批国家级现代学徒制试点单位。试点专业共8个，分别是畜牧兽医、动物医学、园艺技术、园林工程技术、中草药栽培技术、食品加工技术、工商企业管理、建筑室内设计。试点主要做法如下。

一、成立机构，落实任务

（一）成立领导小组，明确主要职责

2018年10月8日成立了工作领导小组，其中时任学院院长为组长、分管教学副院长为副组长、教务处领导和各系主任为成员，并设立办公室在教务处，明确领导小组和办公室的工作职责，确保有效推进试点工作。

（二）分解工作任务，明确试点专业负责人

根据试点建设工作方案和任务书，将试点各项工作任务分解到职能部门和相关系部，并将责任落实到人，进一步明确8个试点专业负责人分别为：

表3-6 试点专业专业负责人一览

试点专业	畜牧兽医	动物医学	园艺技术	园林工程技术	中草药栽培技术	食品加工技术	工商企业管理	建筑室内设计
负责人	李军成	凌丁	齐秀玲	梁卫萍 陈凯	黄卫萍	覃海元	杨风敏	黄琨 李铁成

3. 落实合作企业，签订合作协议

该校根据试点专业，落实合作企业，并签订合作协议。与广西扬翔股份有限公司、桂林力源粮油食品集团有限公司、广西园丰牧业集团股份有限公司、广西桂洁农业发展有限公司、广西春涛海绵城市科技有限公司、广西南药康园投资有限责任公司、广西弄峰山铁皮石斛科技有限公司、广西禾唛（麦当劳）餐饮有限公司、广东华浔品味装饰集团广西华浔装饰有限公司、广西全上品餐饮有限公司、广西中庭装饰工程集团有限责任公司等多家企业签订了合作开展现代学徒制试点人才培养协议。

二、制定制度，保障运行

校企合作制定管理制度，通过征求企业意见或共同研究制定，先后组织制定了《现代学徒制教学管理办法》《现代学徒制学分制与弹性学制管理办法》《现代学徒制学徒管理办法》《现代学徒制质量监控实施方案》《现代学徒制学生（学徒）学业考核与成绩评定办法》等10多项管理制度（详见佐证材料），确保了试点工作的顺利开展。

三、校企合作，扎实推进

（一）校企选聘教师，共建"双师"团队。学院建立了以校内51名专业教师和46名企业人员组成的专业现代学徒制教学团队。明确教师选拔标准和工作职责以及企业带教师傅的标准和工作职责。采取多项措施提升专业教师"双师型"能力，制定了教师培养计划；组织教师参加各项培训和企业顶岗实训；建立了教师继续教育制度并组织相关教师参与继续教育；组织开展"双师型"教师认定工作。

（二）共建学徒制班，签订三方协议。针对8个试点专业，校企共同选拔学生172人，组建了11个学徒制试点班。具体学徒制班及人数如下。

表3-7　试点专业班级一览

序号	试点专业	学徒制班名称	人数
1	畜牧兽医	扬翔养猪班	15
		力源养猪班	15
2	动物医学	园丰养鸡班	15

续表 3 - 7

序号	试点专业	学徒制班名称	人数
3	园艺技术	果树学徒制班	16
4	园林工程技术	园林工程技术学徒制班	15
5	中草药栽培技术	紧俏药材学徒制班1、2班	30
6	食品加工技术	食品加上技术学徒制1、2班	20
7	工商企业管理	工商企业管理术学徒制班	16
8	建筑室内设计	建筑室内设计学徒制班1、2班	30

校企共同选拔学生，并签订学院、企业和学生的三方协议，学生既是学院的学生，同时也成为了企业的准员工（学徒）。

（三）共定教学标准，明确培养目标。校企共同制定8个试点专业教学标准（人才培养质量标准），确保人才培养质量（详见佐证材料）

（四）共定培养方案，确保教学运行。校企共同制订8个试点专业人才培养方案，确保试点人才培养工作顺利进行（详见佐证材料）。

（五）共同开发教材，确保教学质量。校企共同开发课程，共同编写10多种教材，优化教学内容，确保教学质量。

（六）共建实训平台，确保学徒实践。校企共同构建实训实习平台，在校内建设生产性实训基地，在企业建设实习基地，确保学徒实践操作、工学结合。

（七）共同开展教学，校企协同育人。按照人才培养方案，校企合作组织实施专业教学、实训及实习等教学过程，共同制定实习学徒管理办法、准员工实习考核制度、学生实习召回制度。校企共同制定学生（学徒）考核办法和考核评价记录表，实施过程性评价机制，建立以学生综合职业能力为核心的考核评价体系。

典型做法三：广西壮族自治区柳州市（第一批试点地市）

柳州是广西最大的工业城市、也是中国西南工业重镇，具有深厚的工业基础。柳州经济总量、规模以上工业增加值、财政总收入均占广西省的四分之一。全市亿元以上产值工业企业达429家，规模以上工业企业突破800家。柳州市有着悠久的传统学徒制历史，拜师学艺、尊师爱徒，蔚然成风。在现代职业教育体系建设中，该市于几年前已开始积极进行现代学徒制的实践和探索。2015 年 3 月正式印发了《柳州市职业教育国际化发展行动计划（2014——2020 年》（柳政发（2015）11 号），以高职院校为龙头，引领中职学校，协同合作企业，以专业集群为纽带，在装备制造、现代物流、汽车商务、汽车技术服务、轨道交通等专业集群中启动了现代学徒制试点建设，为下一步开展职业教育现代学徒制试点工作打下了坚实的基础。

2015 年 8 月，根据教育部下发《教育部办公厅关于公布首批现代学徒制试点单位的通知》（教职成厅〔2015〕29 号），柳州正式成为全国首批 17 个现代学徒制试点城市之一，成为广西唯一一个现代学徒制试点城市。通过两年的建设，较好能够完成现代学徒制的基本任务。试点主要做法如下。

一、完成试点工作整体推进策略设计

柳州市根据《教育部关于开展现代学徒制试点工作的意见》（教职成〔2014〕9 号）文件精神以及自身产业发展状况，立足辖区内职业教育资源和企业资源，科学规划，合理确定首批 26 个试点单位（7 所学校、19 个企业）；在与柳州支柱产业相对应的装备制造、现代物流、汽车商务、汽车技术服务、轨道交通 5 大专业集群中遴选机械设计与制造、数控技术应用、物流管理等 15 个专业，1118 名学徒，整体有序地推进现代学徒制试点工作。

表 3-8　柳州市参与现代学徒制试点学校、专业、企业及学生数一览

专业群	试点学校	试点专业	合作企业	试点学生（人）	
装备制造	柳州职业技术学院（以下简称:柳职院）	机械设计与制造	柳州采埃孚机械有限公司	30	389
	广西科大鹿山学院（简称:鹿山学院）	机械设计制造及其自动化	鸿特利塑胶制品、柳州市海格电气有限公司	94	
	柳州市第一职业技术学校（以下简称:柳州一职校）	数控技术应用	柳州华力机器制造、柳州福臻车体、柳州立和机械、柳州六和方盛机械等有限公司	58	
	柳州城市职业学院（以下简称:城职院）	机电设备维修与管理、电气自动化技术	广西汽车集团有限公司、上汽通用五菱汽车股份有限公司	207	

续表 3 - 8

专业群	试点学校	试点专业	合作企业	试点学生（人）	
现代物流	柳职院	物流管理	敦豪物流（北京）有限公司柳州分公司	40	79
	柳州一职校	现代物流	广西柳州医药股份有限公司	20	
	柳州市第二职业技术学校（以下简称：柳州二职校）	现代物流	柳州市瑞泽商贸物流有限责任公司	19	
汽车商务	城职院	汽车营销与服务	广西风驰旧机动车交易市场有限公司	62	160
	柳州二职校	市场营销	柳州建沃、柳州聚沛、柳州市航盛、柳州华柳等汽车销售服务有限公司	78	
	柳州市交通学校（以下简称：柳州交校）	汽车整车与配件营销、公路运输管理	南宁星罗通信科技有限公司	20	
汽车技术服务	柳州铁道职业技术学院（简称：铁职院）	汽车检测与维修技术、汽车运用技术	上汽通用五菱汽车股份有限公司	30	470
	柳州一职校	汽车运用与维修		20	
	柳州二职校	汽车制造与检修		20	
	柳州交校	汽车运用与维修		400	
轨道交通	柳州二职校	工程机械运用与维修	柳州柳工叉车有限公司	20	20
合计				1118	

二、基本实现了体制机制上的探索与创新

（一）制度创新。柳州市积极贯彻落实教育部文件精神，统筹辖区内职业院校和企业，着重在探索地方实施现代学徒制的支持政策和保障措施上下功夫。先后起草了《柳州市开展职业教育现代学徒制试点工作实施方案》《柳州市现代学徒制试点工作企业师傅团队建设方案》《柳州市参与现代学徒制企业的考核评价标准》《柳州市参与现代学徒制企业师资（师傅）评价考核标准》《柳州市现代学徒制第三方评价考核办法》《柳州市开展现代学徒制试点工作督查评估办法》等政策文件报政府行政部门审批。其中《柳州市职业教育现代学徒制试点工作实施方案》（以下简称《实施方案》），由教育局牵头起草，市委宣传部、市发改委、工信委、财政局、人社局、规划局、外侨办等单位共同参与，2016 年 1 月由市政府正式下文的《柳州市人民政府办公室关于印发 < 柳州市开展职业教育现代学徒制试点工作实施方案 > 的通知》（柳政办〔2016〕3 号），成为推进试点城市建设的重要依据和指导性文件。

（二）运行机制创新。在制度创新的同时，柳州市还通过成立并运行局际联席会议、职教集团、校长协作会等工作平台，充分发挥政府统筹部门资源、企业资源、院校资源的作用，探索建立了适合柳州职业教育创新发展的运行体制和机制，促进现代学徒制试点工作有效运行。

三、完成了试点平台的建设任务

（一）加快构建"产学研训"一体化的开放共享实训体系。目前我市已在各试点院校建成 30 个开放共享的大型公共实训基地，并通过校企共建的模式在合作企业建成 25 个共享实训基地。

（二）有序推进了柳州市现代学徒中心（广西〈柳州〉职业技能公共实训基地）建设。2016 年正式启动了由市人社局牵头投资 10 亿建于柳州职教园共享区的柳州市现代学徒中心（广西〈柳州〉职业技能公共实训基地）的建设，该项目定位为"高端引领、错位发展"，即采用高端的设备、先进的培训理念和方法开展技能培训，在共享实训资源的基础上，突出高端培养，最终目标是打造成为年培训鉴定能力达 12 万人的全国高技能人才培养的示范基地。该中心在 2018 年底全面建成并投入使用。

四、深入开展了人才培养模式改革

（一）改革招生招工方式。校企共同遴选和培养 1118 名现代学徒。

（二）改革人才培养模式。各试点院校通过引进有效模式和标准，积极开展现代学徒制人才培养模式本土化实践和探索。柳职院牵头带领鹿山学院、城职院、柳州一职校在装备制造专业群中引进德国双元制人才培养模式，同时还牵头带领柳州一职校和二职校在现代物流专业群引进英国现代学徒制人才培养模式。城职院牵头带领柳州二职校和交校在汽车商务专业群引入的德国汽车商务人才培养模式。铁道职院牵头带领柳州一职校、二职和交校在汽车技术服务专业群引入上汽通用五菱企业标准，积极构建"产教融合、专业对接产业、课程标准对接技术服务标准、师资队伍合一"的人才培养模式。

（三）改革评价模式。各试点院校积极构建现代职业教育的评价标准。首先，大力引进国际质量标准。2016 年 1 月 21 日，柳州市政府、柳州职业技术学院与德国工商大会上海代表处签署合作备忘录，根据合作备忘录的约定，在柳州职业教育引进德国 AHK 职业资格证书。同时，柳州一职校、二职校在现代物流专业引进了英国的物流学徒 2 级职业资格标准及认证，柳州职业技术学院在物流管理专业引进了英国的物流学徒 3 级职业资格标准及认证；其次，引入行业企业先进标准，如铁道职院引入上汽通用五菱企业技术服务标准，确定专业关键技能三级评价标准等。

五、加强了现代学徒制师资队伍建设

（一）制定相关管理制度。柳州市教育局牵头制定了《柳州市现代学徒制试点工作企业师傅团队建设方案》《柳州市参与现代学徒制企业师资（师傅）评价考核标准》等文件，积极落实职业院校教师流动编制和编内聘用兼职教师财政支持政策。

（二）组建优质教师团队。开展"企业师傅团队""技能大师工作室"的遴选组建，完成培养 92 名"专业骨干教师"、20 名"专业带头人"、5 个"行业领军人物"、10 个"优秀教学团队"建设任务。详见佐证材料（附件4：导师名册、优秀教师与教学团队）。

（三）大力开展师资培训。采用"引进来、走出去"的方式，进行师资队伍建设。"引进来"即，请国内知名专家、德国、英国、法国等职业教育

发达国家的专家来柳对教师进行指导与培训；"走出去"即先后派出近百名教师（含企业兼职教师）到德国、英国学习，使教师专业素质迅速提高。

六、积极开展了试点研究及成果推广工作

柳州市教育局委托柳州市职业教育研究所牵头积极组织试点单位深入开展试点工作研究，从不同角度成功地将试点工作的研究课题申报成为教育部职教中心所、广西教改发展中心及柳州市教育规划办的重点研究课题（详见表4），同时积极进行柳州特色现代学徒制经验总结、宣传和推广活动：2016年10月与北京师范大学职业与成人教育研究所联合举办了"职业院校现代学徒制国际创新实践研讨会"，2017年10月与柳州职业技术学院学报合作，联合出版一期推介柳州市现代学徒制试点成功经验的专刊；2018年6月汇编形成现代学徒制试点典型案例集。

表3-9 相关现代学徒制科研课题立项情况一览表

序号	课题名称（编号）	课题负责人	立项级别	课题经费（万元）
1	柳州市职业教育现代学徒制试点城市——体制机制创新研究（2015A01）	王春秋	柳州教育科学"十二五"规划2015年度职业教育重点课题	2
2	柳州市职业教育现代学徒制试点城市——广教平台建设研究（2015A02）	鞠红霞		2
3	柳州市职业教育现代学徒制试点城市——人才培养模式改革研究（2015A03）	林若森		2
4	柳州市现代学徒制试点城市建设研究	潘旭阳	柳州哲社2016－2017年度重点课题	3
5	现代学徒制"背景下,柳州职教师资队伍建设新途径研究（GXZZJG2015A026）	史庭宇	广西2015年度职教教改重点项目	3
6	现代学徒制实践研究——以柳州市职业教育为例（GXGZJG2015B323）	阮志南	广西2015年度职教教改一般项目	1

续表 3 - 9

序号	课题名称（编号）	课题负责人	立项级别	课题经费（万元）
7	物流服务与管理专业引入现代学徒制职业教育人才培养模式（2015C335）	李 莉	2015 广西教育规划 A 类一般课题	0
8	现代学徒制改革策略探索（GXZJ2016ZD06）	王佩娟	广西职业教育 2016 年教改重大招标课题	10
9	柳州市现代学徒制试点城市推进策略研究（ZG201631）	王春秋	教育部职业技术教育中心研究所 2016 年度职业教育重点研究课题	0
合计争取课题经费				23

第三节　总结与启示

　　广西壮族自治区是中国五个少数民族自治区之一，民族地区办现代学徒制主要以服务区域传统特色产业发展，深化产教融合、校企合作为基础，来实现学校双元育人、学徒双重身份，招生即招工，入校即入厂、校企联合培养，推动学校招生和企业招工鸿沟的衔接；促进行业、企业参与职业教育人才培养全过程，实现人才培养"四对接"，即产业需求与专业设置对接，职业标准与课程内容对接，生产过程与教学过程对接，职业资格证书与毕业证书对接，职业教育与终身学习对接，因而推动职业教育培训体系完善和可持续发展。在广西地区办民族职业教育现代学徒制试点探索与实践表明，现代学徒制的培训体系和制度，能够全面提升技术技能型人才的专业能力和管理水平。

　　民族地区职业教育现代学徒制发展缓慢的主要原因是涉及地方政府、行业企业、学校和学徒等多方主体利益的教育制度。在一系列复杂的合作流程中，多方利益难免会存在难以协调的问题，甚至会出现利益冲突点，而政府在多方主体利益关系中有着至关重要的作用。企业内生动力不足，利益不明显，企业参与力度不足，要想从根本上实现产教融合、校企合作，只有通过利益驱动充分调动企业积极参与。在现代学徒制试点推进的过程中，各方利益相关者都应当各司其职，明确自身的责任与义务，按照现代学徒制的原则与实施路径，结合各地区经济发展情况，大胆创新突破，为有效推进现代学徒制试点的发展贡献力量。

民族地区职业教育现代学徒制人才培养模式改革主要包含政府、学校和企业三个层面的内容。

一是政府政策引导，政府主导制度设计，构建完整的政策体系和有效运行机制。通过出台试点工作方案、遴选学徒制企业、企业师资（师傅）评价考核、建设"双导师"队伍、第三方评价考核、督查评估、激励等相关政策文件及管理制度，为推进试点城市建设提供重要依据和指导性文件，构建完整的现代学徒制试点政策体系。在制度创新的同时，还以地方市政府教育局为牵头部门，形成以局际联席会议、职业教育集团、校长协作会为载体的"政、行、企、校"联动运行机制，统筹部门资源、企业资源和院校资源，筹措充足资金推进现代学徒制实施。

二是以学校教学框架为主体的人才培养模式，需要完善学校主体的现代学徒制运行机制，包括明确学校办学定位和构建育人机制模式，构建招生招工一体化机制，人才培养方案和教学标准制订，专业建设和教学管理制度制定，互聘共用和考核评价机制的制定等。在人才培养内容方面，要注重学徒课程体系的全局规划和制定，尤其在学徒的技能培养和素质养成方面，要突出现代学徒制课程教学内容和教学方式的创新，在教学组织形式和培训组织形式上，使学生学徒得到全面的实践锻炼。制定并完善现代学徒制的教学质量综合评价体系，校内专业课程教学质量评价以校内专业教师团队评估为主，同时引入企业师傅和技术人员对学徒的综合评价。

三是以企业培育框架为主体的人才培养模式，要制定和完善企业主体的现代学徒制管理机制，包括行业政策引导和工作思想引领，就业市场导向和社会行业需求输入，专业理论知识传授和企业实践技术培训，职业工匠精神和核心道德价值的培育等。在企业框架下的人才培养内容方面，要突出校企合作双主体育人、工学结合和产教融合的重要作用；校内专业教师和企业技术人员、优秀师傅组成的双导师教学团队，以行业职业标准和企业岗位标准为依据，共同构建现代学徒制考核评价机制，制定学徒制人才培养方案和与课程教学目标相对应的教学标准；校企双主体根据社会经济和市场发展需要，实时更新行业岗位标准，研究并完善可持续性人才培育发展体系。最后，在现代学徒制人才培养模式下，职业教育和行业企业的教学能力和社会服务能力得到快速提升，学徒的职业道德、创新技能和社会实践等方面的综合素质也得到稳步提高。

经过探索与实践，结果表明，民族地区职业教育现代学徒制的人才培养模式，能够有力推动高素质、高技能专业人才培养层次提升，双元育人机制促进产教融合、校企合作，工学结合、工学交替教学模式促进行业、企业和职业教育共同参与人才培养全过程，有力推动地方产业转型升级。随着现代学徒制的全面推广，办好现代学徒制势必可行，这也将成为我国职业教育全面深化改革和推进改革的重要支撑。

第四章 现代学徒制在广西水利电力职业技术学院的实践

广西水利电力职业技术学院 2018 年获批为教育部第三批现代学徒制试点单位，在建筑装饰工程技术、酒店管理两个专业开展现代学徒制试点，2019 年全面推行现代学徒制。

开展现代学徒制试点工作以来，学院高度重视，将试点工作纳入学校"十三五"重点工作，统筹规划，积极推进。与广西建工集团海河水利建设有限、深圳宝鹰建设集团股份有限公司、南宁鑫伟万豪酒店等企业深化校企合作、产教融合，强化工学交替、岗学对接，创新现代学徒制"双主体"人才培养模式，取得了显著成效。

第一节　水利类专业现代学徒制实践

广西水利电力职业技术学院水利水电建筑工程专业群立足广西水电能源大省，服务"富民兴桂"战略和"一带一路"国家水利建设，对接广西"九张名片"的传统优势产业、生态环保，聚焦水灾害、水生态、水安全、智慧水利等新时代水利工作对人才的需要，推动物联网技术与传统优势产业相融合，组建以国家级重点专业水利水电建筑工程专业为龙头，包含水利工程、水利水电工程管理、给水排水工程技术、物联网应用技术的水利水电建筑工程专业群，为广西水利改革和社会发展提供人才保障。

在专业建设指导委员会及广西水利电力职业技术学院现代学徒制试点工作校企联合领导小组指导下，与企业共同制定专业人才培养方案，构建理实一体的课程体系，共同开发课程标准、工学结合项目化水利特色教材、省级以上课程资源库。校企开展"仙湖水库厂中校"和"海拓工程检测校中厂""海河施工订单班"协同育人。校企合作共创"亨特绿友创新创业班"、共设"祥宁水利奖学金"。最终形成了一套水电特色的现代学徒制水利水电建筑工程专业群建设方案。

一、水利水电建筑工程专业群现代学徒制人才培养模式

（一）搭建水利水电建筑工程专业群现代学徒制校企融合育人平台

广西水利店里职业技术学院水利水电建筑工程专业群与广西建工集团海河水利建设有限公司等企业合作构建基于现代学徒制模式下的水利创新协同育人平台（图4-1），聚集节水灌溉技术校企协同创新中心、水之创—大学生自主创新创业中心、水利科技协会、红帽开放创新实训室、互联网产品创新工场的功能，"八桂水利产业学院"，发挥校企资源优势互补，共同开展科技研发、技术攻关、创新创业等，促进行企业技术改造和产品升级。通过"名师工作室""技能大师工作室"，项目驱动，师生参与科研活动，将产学研成果及时引入专业群教学内容，提升教学团队综合能力和学生创新创业能力。

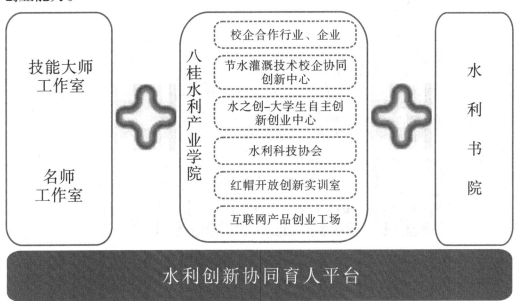

图4-1 水利创新协同育人平台

依托大禹书院，开展丰富多彩以"水"为主题的文化系列活动，创建水利文化沙龙，传播大禹精神；打造"水电跑团"，培养学生吃苦耐劳素养；结合世界水日和中国水周开展爱水、亲水、节水、护水系列活动，培养尊重自然的科学精神；举办工匠、劳模进"静湖讲堂"活动，增强学生敬业精神；开展优秀企业文化进课堂活动，提升学生职业综合素质。

（二）创新水利水电建筑工程专业群现代学徒制校企融合育人模式

"德技并修"的人才培养模式。以立德树人为原则，紧扣"补短板、强监管"的水利改革发展要求，学校和行企协同育人，职业素质和职业技能"并进"培养，学习教育和职业技能训练相结合，培养具有"设计、施工、管理"三种岗位核心能力的高素质技术技能型人才，创新"校企共育、素能并进、学训结合、三核心"人才培养模式（图4-2）。加强党的先锋作用，实施党建带头人计划，建设"双带头人"工作室，构建课程、科研、实践、文化、心理的"三全育人"体系，开发基于水利精神的专业"课程思政"示范课3门以上，建设省级先进基层党组织1个。市厅级等其它级别1个。

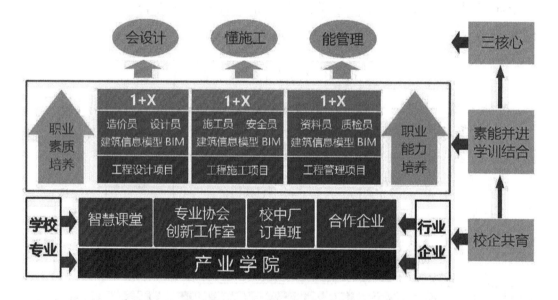

图4-2 人才培养模式

与广西建工集团海河水利建设有限公司等企业开展"海河现代学徒制班""汇水工程设计订单班"协同育人模式，共建"华南水文校中厂"，深化仙湖水库"厂中校"的合作机制。将水利精神、工匠精神融入人才培养全过程，培养复合型高素质技术技能型人才。

二、校企共同优化专业教学标准

（一）开发"育训结合"模块化课程

对接现代智慧水利行业产业的岗位群能力需求，按照"底层共享、方向分立、高层互选"的专业群课程体系构建原则，设置人工智能通识课程为共享课程，遴选对应的"1＋X"证书试点课程模块，设置建筑信息建模BIM、无人机测绘技术、污水处理等岗位课程模块，校企共同构建"职业素养模块＋基础通用模块＋专业模块＋岗位模块"的专业群课程体系（图4-3），职业素质贯穿人才培养全过程，提升学生综合职业能力。组成水利类、信息类专兼职教师的混编教学创新团队，协作分工开展模块化教学。

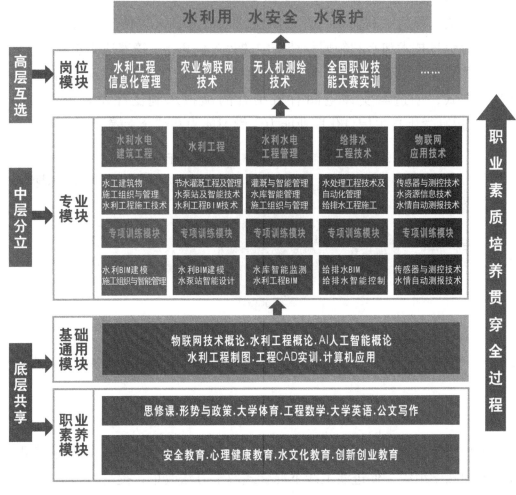

图4-3　水利专业群课程体系图

（二）深化"育训结合"现代学徒制教学模式和教材改革

应用超星泛雅等在线课程资源，实施线上线下混合教学模式，适应不同层次学生在线学习需求；与广西—东盟经济技术开发区仙湖水库管理局搭建数字传输课堂，实施课堂教学和生产过程实时同步信息共享的校企双主体教学模式，提高校内教学与生产岗位对接度；依托八桂水利产业学院将企业生产项目引入课堂，实施项目教学化教学模式。将水利行业企业岗位职业标准和"1＋X"证书标准有机融入专业课程内容和教材建设中，吸纳水利行业新技术、新工艺、新材料，校 企开发《节水灌溉技术》等"活页式"项目化教材和培训教材 10 本，编写《水利工程材料检测与应用》等规划教材 5 本。

（三）建设智慧水利泛在学习空间

面向现代智慧水利需要，开设涵盖"云计算、大数据、物联网、人工智能"等信息技术和水利领域相结合的课程 5 门以上，培养适应水利信息化建设需要的复合型水利人才。将信息化素养融入人才培养全过程，创新信息化教学方式，创造与实体空间有机结合的虚拟水利泛在学习空间（图 4 - 4），提高学生自主信息化职业能力、学习能力和综合素养。

图 4 - 4　智慧水利泛在学习空间构建图

依托智慧教学环境和教学资源，建设水利智慧教室 3 个。创新情景式、任务式的教学组织，促进线上线下混合式教学方法改革，提高教师信息化应用能力，组织教师参加各类教学能力比赛，获国家级奖项 1 项、省级 3 项以上。

三、校企共建共享实训基地

广西水利电力职业技术学院水利水电建筑工程专业群与中国能建广西水利工程局等企业合作，打造"教学、实训、创业、培训、科研、服务"六位一体现代学徒制实践平台（图4-5）。

图4-5 "六位一体"实训基地

创建生态水利大禹科技园。新建水利 BIM 实训中心、工程检测中心、水生态治理实训基地、大数据地理信息处理中心、物联网工程实训基地，建设和完善"1+X"证书制度试点实训室 2 个以上；完善节水灌溉生产性实训基地、物联网工程实训基地、无土栽培实训场等基地功能，使校园生态环境建设和生产实训教学有机融合。营造"做中学、学中做"知行合一的学习环境，提升师生技术技能、创新创业、科学研究能力。

创建"互联网+"实践教学平台。对接智慧水利发展，与广西绿城水务共建"智慧供排水实训基地"；完善校内水利综合集控中心、物联网+智慧水情体验中心、水工建筑物实训场等信息化建设；改造仙湖水库、左江治旱灌区产教融合实训基地等校外互联设施，加大水利运行监测数据等信息共享，建成"互联网＋"实训平台（图4－6），实现校内课堂教学与生产过程远程同步，开展教学、职业培训、教改科研、技术合作等，提升师生生产实践能力。

图4－6 互联网＋实践教学平台

创建跨国智慧水利实训教学平台。加强与中柬农业促进中心的产学研合作，完善中国—柬埔寨农业促进中心广西培训基地和学院东盟（柬埔寨）农业水利培训基地的互联设施，将柬埔寨培训基地的农田土壤墒情、水文气象等数据跨境实时共享，开展远程教学和技术培训。

增强校外实训基地建设。经过三年建设，校企共建共享校外实践基地30个，为学生实习、实训和就业提供有力保障。

四、校企互聘共用教师队伍建设

发挥"技能大师工作室""名师工作室"作用，通过项目带动，增强教学团队的专业建设、科研和技术服务能力，建设省级高水平创新团队1个、省级师资培训基地1个，培养国家级优秀教师1名、省级教学名师或优秀教师2名。

通过培训学习、下企业锻炼、开展技术服务、引进企业高级专业技术人才、专兼职教师双向流动等多措并举，培养具有现代水利和信息技术融合专业跨界的双师型教师队伍。聘请广西工程勘察设计大师、首席水文预报员为校外专业带头人，培养校内外专业带头人各1名、专业负责人5名、青年骨干教师30名；培养高水平具有行业影响力的行业技术知名专家2名。培育"建筑信息模型BIM""传感网应用开发""无人机驾驶员"等职业技能等级证书的培训教师10名以上；建成由企业专家与专业教师组成的创新创业团队1个；每年引进企业技术能手、工匠为兼职教师10名以上，建立100名兼职教师库。申报省级教改科研项目20项以上；省级以上成果奖3项。

五、校企共建共享资源，拓展社会服务能力

融合广西职业教育发展研究基地、名师和技能大师工作室的功能，搭建科研服务综合平台，激发教学创新团队科研服务活力。组织专业教师积极开展科技项目研究、项目咨询、项目设计等技术服务，提升教师科研能力和服务能力；组织专业技术骨干教师开展水利技术精准扶贫，以专业技术能力解决学院扶贫贫困点防洪抗涝等民生问题。

针对水利基层人员专业水平低，行业技术发展快的特点，联合广西水利厅举办技术定向培训、专题培训、"送培下乡"等形式，开展县市水利局长、基层水利站所长、基层水利业务等专业培训，大力开展水利工程基本知识、节水灌溉技术、农田水利工程、水库管理、水资源保护、农村供水安全等专业技能培训，为助力全面提升广西水利人才队伍素质提供智能保障。

发挥专业群优势，在专业设置、教学内容、教学资源等方面加大与广西城市建设学校、桂林电子科技大学等中高职、本科院校的有效衔接。加强与黔西南民族职业技术学院、吉林水利电力职业学院等省外高职院校的深度合作与交流。

六、水利类专业现代学体制实践成果

（一）学生培养质量提高

校企合作共同培养高素质技术技能型人才。与广西祥宁水利集团签订校企合作协议，共同参与人才培养、实训基地建设等，企业设立水利奖学金，鼓励优秀水利学子，学院为企业输送毕业生20余人，形成了紧密的合作共赢关系。

与广西银翔有限责任公司开展"校中厂"人才培养模式，使育人环境和企业要求紧密结合，聘请企业技术人员为学生加强了工程测量技术、无人机技术、航空测绘技术等专业课程和技能训练，探讨以"项目为载体、学生为主体、教师为主导"创新教学模式，强化学生职业技能训练，全面提高学生职业道德、综合素质和职业能力，人才培养质量得到明显提升。毕业生就业率始终保持在93%以上，用人单位满意度达到92%以上。

与亨特绿友集团共同创办了亨特绿友创新创业班，建立了大学生创新创业实训基地，加强学生创新创业意识的培养。通过亨特绿友创新创业基金，以生态、绿色节水灌溉新技术为理论基础，成立创新创业协会、智慧农庄科技协会等培养学生的创新创业主动性。学生自主创新开发的《智慧生态校园》、《零污染自动化城市》等项目在中国—东盟职业教育联展中获得参展中外嘉宾的高度关注及好评，并荣获中国—东盟职业教育学生技术技能展一等奖1项、二等奖2项。近3年来，有14名学生荣获得学院静湖十佳大学生荣誉称号；有21名学生被评为全区优秀毕业生。

与广西海拓材料检测有限责任公司协定校企合作，形成"校中厂"人才培养和技能训练的合作模式。企业面向学生开放水利建筑材料检测实验实训场所，使学生技能训练环境与实际生产相一致，为学生毕业从事施工、监理、项目管理等岗位技能提供了有效实训基础。同时校企合作共同开展校内混凝土材料检测技能竞赛，选拔优秀学生参加全国水利职业技能竞赛并获得优异成绩。

加强学生的职业技能训练，以全国水利技能竞赛项目、中国东盟职业教育联展项目、水利科技协会、社团活动等特色项目为载体，充分发挥水利科技协会、测量协会、创新创业协会的学生自主能力，通过"专业教师指导、学生为主"的模式激发学生学习积极性，开展《工程制图》《工程CAD＞《工程测量》《工程概预算》《水环境监测》《混凝土检测》等项目的技能训练和技能竞赛活动，同时以技能竞赛促实训教学改革、以技能竞赛促实训教学考核改革。近年来，主办广西职业院校技能大赛《工程制图》和《水环境监测》2项省级技能竞赛项目，组织参加全国水利技能竞赛和全国大学生技能竞赛，有效提高学生职业技能和提升教师的实训教学能力。荣获全国职业院校技能大赛"水环境监测与治理技术"赛项获团体二等奖；广西职业院校技能大赛一等奖1项、二等奖1项、三等奖1项。全国水利高等职业院校技能竞赛特等奖1项、一等奖1项、二等奖15项、三等奖25项；"高教杯"全国大学生先进成图技术与产品信息建模创新大赛一等奖7项、二等奖 5 项；全国中高等院校 BIM 算量大赛一等奖 2 项、二等奖 7 项。组织学生开展丰富的第二课堂活动，以"水文化"为主题的《奔跑吧，水电人——水电跑团争霸赛暨心理素质拓展活动》项目荣获 2017 年广西教育厅全区高校大学生 5·25 心理健康教育活动"特色项目"评比二等奖。

专业毕业生能较快的成为行业的技术骨干力量，中能广西水电工程局总经理优秀毕业生莫仁模荣获国家五一劳动奖章，许多优秀毕业生参与了龙滩水电站、大藤峡水利枢纽、百色水利枢纽等国家和广西重点水利工程项目的建设，为区内外水利建设和发展做出了突出贡献。

校企合作共同培养和提高学生的创新创业能力。在专业人才培养中，始终将学生创新创业能力融入专业人才培养过程中。与亨特绿友集团共同创办了亨特绿友创新创业班，建立了大学生创新创业实训基地，通过亨特绿友创新创业基金，以生态、绿色节水灌溉新技术为理论基础，学生自主创新开发的《智慧生态校园》《零污染自动化城市》等项目在中国—东盟职业教育联展中获得参展中外嘉宾的高度关注及好评，并荣获中国 - 东盟职业教育学生技术技能展一等奖 1 项、二等奖 2 项。同时，将立德树人、人文素养和职业素质教育纳入人才培养方案，充分发挥校园水文化对职业精神养成的独特作用，开展以"水"为主题的水文化建设，弘扬"献身、负责、求实"水利人精神，不断提升学生的综合素质。

（二）教师能力提升

依托学院区域优势，服务广西 - 东盟经济技术开发区的经济建设，与开发区的金佛园农场开展校企技术合作，立项广西教育厅科研项目《大跨度架空管线甘蔗微喷灌研究》，获 2 项实用新型专利；由我校主持和武汉大学、广西桂林灌溉试验站合作完成的广西水利厅科研项目《节水防污型农田水利系统及其机理和效果研究》，研究期间有 12 名中青年骨干教师和 5 名学生参与开展项目技术研究和技术推广，项目技术成果应用于漓江流域的农业面源污染治理，保护漓江生态，创建节水灌区及节水型社会具有重大应用价值并获得显著的经济社会效益，项目荣获第五届广西天湖水利科学技术一等奖，获实用新型专利 1 项。

依托学院的院士工作站，专业团队 6 名教师参与的广西水利厅科技项目《广西岩溶区人饮供水水质净化研究》，项目技术成果应用于广西大化县等岩溶区人饮供水水质净化，解决了 1000 余人贫困山区人用饮水安全问题，取得了显著的社会效益，获 1 项实用新型专利。

依托广西水利电力职业教育集团和我校广西水利人才培训中心，每年为水利行业基层人员举行各类技术培训1000余人，为广西武警营区水利技能培训100余人。安排2名专业教师到长春水利电力学校挂职交流，在专业建设、师资队伍建设和实训基地建设给予指导；对口支援贵州黔西南职业技术学院，积极开展水利实训基地建设的交流和合作。组成专业教师技术服务队，分别深入对口精准扶贫点马山、河池市金城江开展水利技术服务，解决农村饮水问题和农田内涝的问题，以技术推进水利"精准扶贫"。

（三）实训基地建设成果显著

校企合作建成了水利综合实训与研究基地、水资源水生态实训基地、给排水实训基地、中国－东盟柬埔寨农业促进中心广西培训基地；校企合作共建"校中厂"航空遥感测绘实训室；联合美国亨特实业公司、绿友机械集团股份有限公司共同合作建设现代农业节水灌溉技术试验示范区。建成了水工建筑物实训场、节水灌溉实训基地、人工模拟降雨试验场、水土保持实训场、气象监测实训场、水环境监测与治理技术实训室、大气环境监测实训室、水泵站实训场、广西水情教育基地、太阳能发电抽水系统、工程测绘实训室等校内仿真实训场所，实习实训设备总值2000余万元，实训面积4万平方米，满足学生各项职业技能训练，为学生职业技能训练提供了有力保障。

紧贴水利信息化建设和发展，联合学院所在区域广西—东盟经济技术开发区的仙湖水库管理局共同建设水工建筑实训场集控网络中心，将开发区内的校企合作协议单位仙湖水库、定标水库监测的实际水情数据信息实现实时远程教学，使课堂内容和生产过程相对接，促进课程教学内容和信息化教学改革；与广西福沃得农业有限责任公司合作建设跨境互联网调控室，将公司在柬埔寨农业灌溉基地的土壤墒情等数据信息实现实时远程共享，开展国际合作技术培训和教学。与中能集团广西水利工程局、国家重大项目大藤峡水利枢纽等行企业建立校外实训基地18个，为学生进行水利工程实习实训、教师开展技术科研提供了有力保障。

经过多年的建设，实训基地"水利水电建筑工程示范特色专业及实训基地；荣获广西教育厅示范特色专业及实训基地；"广西水利综合实验研究与应用基地"荣获中国水利协会水利类重点专业优秀实习实训基地；"水利节水灌溉实训基地"荣获省级高等职业教育校企共建的生产性实训基地。

第二节 土建类专业现代学徒制实践

一、产教融合的现代学徒制"双主体"育人机制

（一）建立现代学徒制校企联合工作组织机制与管理架构

为了进一步推动现代学徒制试点工作顺利实施，明确校企责任，成立了学院书记、院长、企业副总裁、总经理等共同组成的试点工作校企联合领导小组（桂水电院〔2018〕52号）。同时成立试点工作办公室，办公室设在教务科研处，具体负责组织实施试点工作，研究制定支持现代学徒制试点的政策措施，评估工作效果，解决实际问题。

试点专业分别成立由学院与企业联合组成的试点项目实施工作小组，负责对试点项目的研究、组织、实施、推广，将工作任务落实到具体人员，确保试点工作的有序推进、有效落实。

现代学徒制校企联合工作组织机构如图4-7所示。

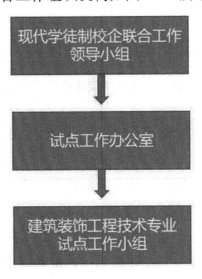

图4-7 现代学徒制试点校企联合工作组织机构

（二）构建不同层面的校企对接机制

在现代学徒制试点校企联合工作组织机构总体框架下，建立了学院院长对企业总裁总经理、教学系负责人对企业人力资源部经理、专业负责人专业教师对企业师傅的三级对接制度，协调解决现代学徒制人才培养过程的决

策、管理、课程开发、教学安排等各实施环节，如图4－8。

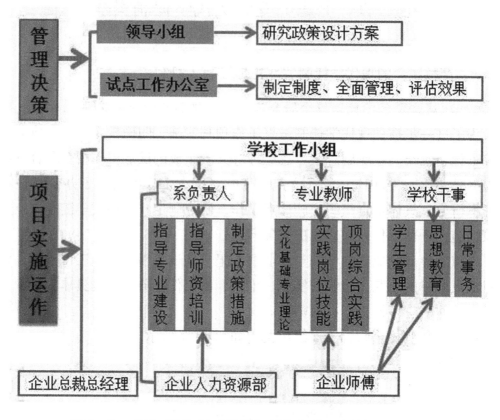

图4－8　"三对接"的现代学徒制校企"双主体"育人机制

　　针对职业教育的特点，改革传统的教学模式，以适应现代企业的需求，建立政府主导、行业指导、企业参与的办学体制，研究从校企合作平台搭建、专业设置、课程体系整合、教师队伍建设、人才培养评价体系五个维度着手，构建了校企双主体育人新范式，实现了专业与产业、企业、行业对接；专业课程内容与岗位内容、职业标准对接；教学计划、过程与生产计划、过程对接；学历证书与职业资格对接；检查评价教学效果的实施与就业质量对接，如图4－9，通过平台搭建创新育人机制，有效提高了技能人才的培养质量。

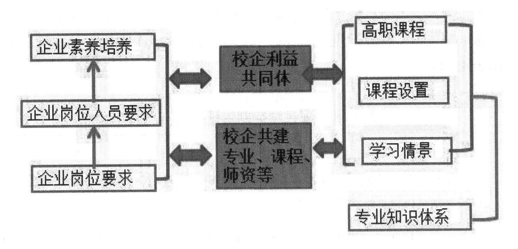

图4-9 校企合作"双主体"人才培养运行模式图

（三）完善了现代学徒制试点工作运行机制

从"企业主体、学校主导"出发进行现代学徒制试点工作运行机制的顶层设计，校企联合制定了《现代学徒制试点工作管理办法》（桂水电院〔2018〕27号），从招生管理、人才培养改革、考核评价、经费管理、组织机构与职责、保障制度等六方面进一步规范现代学徒制试点工作，明确校企合作相关成本分担与积极政策等内容。

在现代学徒制试点工作管理办法的明确指引下，建筑装饰工程技术试点专业与深圳市宝鹰建设集团股份有限公司签订了现代学徒制合作协议，明确了双方在校企"双主体"育人过程的合作方式与分工、学徒岗位及数量、人才培养成本分担、权益与责任等，初步构建了现代学徒制模式下的校企共同体，校企融合实施"双主体"育人工作。

（四）完善现代学徒制相关管理制度

为了确保现代学徒制的教学实施，学院联合合作企业共同制定了《现代学徒制教学管理办法》《现代学徒制学分制管理办法》等教学管理制度，对现代学徒制人才培养方案制订、专业教学的组织形式、教学过程性文件要求，以及学徒的学制、学分、选课、考核等进行具体规定。

校企联合出台了《现代学徒制学生管理办法》，对学徒在学校、企业学习生活的行为、品德、纪律等方面进行规范，明确学生学徒的职责与义务，保障学生学徒的权益。

校企联合制定了《现代学徒制质量评估监控标准》，强化现代学徒制的教学质量管理，不断提升现代学徒制的教学质量和水平，构建了校企双方参与实施的现代学徒制教学质量监控体系。学院出台 21 个现代学徒制管理文件如表 4 - 1。

表 4 - 1　现代学徒制管理文件一览

序号	文件名	文号
1	关于调整广西水利电力职业技术学院现代学徒制试点工作校企联合领导小组成员的通知	桂水电院〔2020〕19 号
2	关于印发《广西水利电力职业技术学院现代学徒制招生招工一体化管理办法（修订）》的通知	桂水电院教〔2019〕29 号
3	关于成立广西水利电力职业技术学院 2020 年现代学徒制招生招工工作组的通知	桂水电院教〔2020〕17 号
4	关于成立广西水利电力职业技术学院 2019 年学徒制招生招工工作组的通知	桂水电院教〔2019〕10 号
5	关于印发《广西水利电力职业技术学院现代学徒制双导师管理办法（修订）》的通知	桂水电院人〔2019〕56 号
6	关于印发《广西水利电力职业技术学院现代学徒制师傅标准（修订）》的通知	桂水电院人〔2019〕55 号
7	关于印发《广西水利电力职业技术学院现代学徒制质量评估监控标准（修订）》的通知	桂水电院质〔2019〕8 号
8	关于印发《广西水利电力职业技术学院现代学徒制教学管理办法》的通知	桂水电院教〔2018〕28 号
9	关于印发《广西水利电力职业技术学院现代学徒制学分制管理办法（修订）》的通知	桂水电院教〔2019〕28 号
11	关于印发《广西水利电力职业技术学院现代学徒制学徒（学生）管理办法（修订）》的通知	桂水电院学〔2019〕129 号
12	关于印发《广西水利电力职业技术学院现代学徒制试点工作管理办法》的通知	桂水电院教〔2018〕27 号

续表 4 - 1

序号	文件名	文号
13	广西水利电力职业技术学院关于成立现代学徒制试点工作校企联合领导小组的通知	桂水电院〔2018〕52 号
14	关于印发《广西水利电力职业技术学院现代学徒制教学管理办法》的通知	桂水电院教〔2018〕28 号
15	关于印发《广西水利电力职业技术学院现代学徒制质量评估监控标准》的通知	桂水电院教〔2018〕29 号
16	关于印发《广西水利电力职业技术学院现代学徒制招生招工一体化实施方案》的通知	桂水电院教务科研处〔2019〕3 号
17	关于印发《广西水利电力职业技术学院现代学徒制联合招生招工章程》的通知	桂水电院教务科研处〔2019〕4 号
18	关于印发《广西水利电力职业技术学院现代学徒制双导师管理办法》的通知	桂水电院教务科研处〔2019〕5 号
19	关于印发《广西水利电力职业技术现代学徒制师傅标准》	桂水电院教务科研处〔2019〕6 号
20	关于印发《广西水利电力职业技术学院现代学徒制学徒（学生）管理办法》的通知	桂水电院教务科研处〔2019〕7 号
21	关于印发《广西水利电力职业技术学院现代学徒制学分制管理办法》的通知	桂水电院教务科研处〔2019〕8 号

二、现代学徒制招生招工一体化

为深入贯彻落实全国职业教育工作会议精神，坚持服务发展、就业导向，在校企深度合作的基础上，以培养学生的职业精神和职业能力为核心，以建立校企联合招生招工为突破口，以建立稳定的企校"双师"联合传授知识与技能为关键，逐步建立现代学徒制的高技能人才培养机制，不断提高建筑装饰工程技术高级技能人才培养质量。

（一）成立"现代学徒制招生招工工作组"

成立由学院领导、招生就业处部门负责人、建筑工程系系部负责人、就业干事、企业人力资源、企业技术培训资源组成的"现代学徒制招生招工工作组"，全面指导协调现代学徒制开展的各项工作。

（二）制定招生招工一体化规章制度

为了规范招生招工一体化的实施，广西水利电力职业技术学院与宝鹰集团校企联合制订了《现代学徒制招生招工一体化管理办法》《现代学徒制招生招工章程》《现代学徒制招生招工工作方案》等规章制度，使校企联合招生招工有据可依。倾斜招生政策和计划，积极推进企业人才需求的供给侧改革。

（三）招生招工原则及目标任务

以学院为主，根据不同生源特点，先招生后招工，试点班级实行以分类自主招生、普通高考方式招收现代学徒制实验班生源。主要通过以下几步进行招生招工。

1. 招生招工宣传工作。由学院主要负责生源招生宣传工作，企业进行协助。学院负责学校方面的宣传（包含但不限于专业优势、师资力量、办学条件、学籍管理等），企业负责企业方面的宣传（包含但不限于企业文化、企业发展史、学徒制企业推进介绍、岗位介绍、企业工作环境及福利条件）。

2. 学生（学徒）录取工作。按照当年各省、自治区、直辖市高等学校招生委员会、教育厅（教委）公布印发的招生录取办法和管理规定，学院对外公布的招生简章为依据进行招生录取工作。

3. 新生报到建班工作。在新生报到两周内在合作企业对口专业中展开现代学徒制报名工作。企业与学院建筑装饰工程技术为对口衔接，学生经家长同意后并且有家长（监护人）签字确认《现代学徒制知情同意书》后进行报名。

4. 学院联合企业进行面试筛选，现代学徒制班级组建人数为30～40人，录取分面试和笔试，笔试按照入学成绩，面试按照百分制进行，面试和笔试成绩按照5:5核算，按照从高到底依次排序录取，如果成绩相同，以面试成绩高者优先录取，在同等条件下，贫困地区的生源优先录取。录取新生提供体检合格后，下发学徒录取通告，建立台账。对于不同生源采取不同的招生形式，如表4-2。

表4-2 不同生源考试形式

序号	学生（学徒）类型	考试形式
1	普通高中毕业生	综合素质+面试
2	中职毕业生	专业理论+现场技能操作
3	企业在岗职工	职业素养+技能操作

5. 录取后的学生单独组成深圳市宝鹰建设集团股份有限公司公司"现代学徒制"班级，并且由学院、企业、学生及学生家长（监护人）签订《建筑装饰工程技术专业现代学徒制三方协议书》。

三、构建现代学徒制人才培养标准体系

（一）现代学徒制"双1234"人才培养模式

落实立德树人根本任务，精准实施"三教"改革背景下"政行企校"四方共建的专业教学标准，探索形成了"一项宗旨，一种理念；双重身份，德技并修；三师共育，三场交替；四方评价，四位一体"的"双1234"的现代学徒制人才培养模式。基于企业提供的真实项目，使每个学生都能经过理论学习—实操培训—生产实践三个阶段，有效解决了传统教学中企业、行业主体地位不强、授课内容脱离生产实际、学生实践创新能力不足的问题，实现了学业与职业的无缝对接。

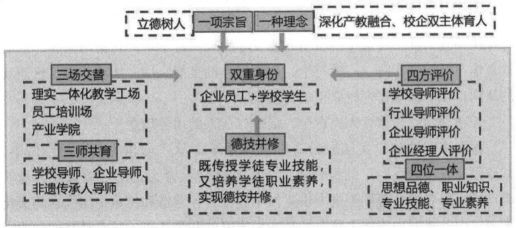

图4-10 现代学徒制"双1234"人才培养模式

1. 一项宗旨、一种理念

一项宗旨：以落实立德树人根本任务为专业人才培养宗旨。

教育应该培养什么人，为谁培养人是教育首要考虑的问题，也是教育现代化的方向，归根结底就是立德树人，在实施教育的过程中，要把立德树人这个当的教育方针落入实处。要实现中华民族"两个一百年"的奋斗目标，实现中华民族伟大复兴的中国梦，必须通过教育立德树人，培养大量的社会主义建设者与接班人，要在思想信念上下足功夫。

当下高等院校的学生素质水平同现代高速发展的经济社会发展水平出现不匹配的问题，普遍表现出理想信念方面认知存在不足等问题。因此要做好高校课程思政的推进工作，实现育人目标，要始终坚持因事而化、因时而进、因势而新，与时俱进地促进课程思政的建设。从以下几个方面有效推进思政教育与专业教育有效融合。第一，将思政教育科学化系统化地融入到专业育人课程体系当中，结合专业人才培养体系的特点，构建符合专业实际、有专业特色的思政教育培养体系。第二，由校内导师、企业导师和传承人导师组成师傅队伍，发挥各自不同作用，从多学科的视角，从理论和实践两个维度出发，增强课程思政的育人意识和育人能力，融入"爱国精神""工匠精神""职业素养"等内容，加强学生情感、态度、价值观的培养，自觉挖掘课程的育人元素，进行设计开发来充实教学内容，引导学徒树立正确的价值观和崇高的理想。第三，教材是"课程思政"建设的重要依托。高校课程的设置均是按照专业需求来进行设计，只是单纯的把知识搬入教材，很少融入思政育人等相关内容。因此，在落实立德树人这项根本的教育方针，应统筹优势资源，深度拓展教学内容，避免脱离实际，与时代、国家、学校理念保持一致，推出高水平的教材，激发学生对课程学习的热情与兴趣，形成认真学习、积极实践、广泛讨论、积极思考的良好氛围，实现知识与价值观的认同，在潜移默化中树立正确价值观。

一项理念：贯彻育人先育德，成才先成人的培养理念。

深圳市宝鹰建设集团股份有限公司始终奉承"诚信为人，严谨做事，共赢经商，和谐发展"的经营理念，坚持人文教育为上的企业文化，每年聘请国内外名人学者到宝鹰大讲堂做专题报告，营造和传承中国优秀的文化素养，因此集团内部从上到下皆是一派家庭的和谐气氛，具有独特的企业文化体蕴。在现代学徒制人才培养的体系上，宝鹰集团与学院高度统一了

"育人先育德，成才先成人"的培养理念。

2. 双重身份，德技并修

双重身份：学徒以"企业员工和学校学生"的双重身份分阶段工作和学习。

校企双主体育人，是院校与企业共同制定人才培养方案，共同开发课程、选用教材，共同设计、分段实施教学，共同制定和实施考核评价标准，共同开展教学研究。而双导师教学则是在学校教学期间，以教师为主，师傅为辅；企业教学期间，以师傅为主、教师为辅。院校与深圳企业人员互聘共用、双向挂职锻炼、共同开展技术研发和专业建设。

如广西水利电力职业技术学院将指导教师的企业实践和技术服务纳入教师考核，作为其晋升专业技术职务的重要依据。宝鹰集团遴选擅于传授的优秀技能人才担任师傅，明确师傅带教内容和责任，建立师傅津贴补助制度，将师傅指导学生的成效纳入职工考核。此外，学徒具有企业员工和院校学生双重身份。广西水利电力职业技术学院与宝鹰集团联合招生，实现招生后招工、毕业即就业。根据国家相关法律规定，签好学徒（监护人）、学校和企业三方协议，明确各方权益及职责等。宝鹰集团制定了相关的学徒管理办法，保证学徒基本权益，根据与广西水利电力职业技术学院共同制定的人才培养方案，合理安排学徒岗位，分配工作任务。

德技并修：通过以实际工程项目为载体，既传授学徒专业技能，又培养学徒职业素养，实现德技并修。

广西水利电力职业技术学院依托宝鹰集团在建项目（或完成项目）为载体，来进行课程设计，把教学设计成模块化。学校派遣相关专业教师到企业实际工程项目挂职锻炼，了解实际项目生产过程中的环境，在教学模块设计中设计与实际项目生产过程的相似的模块，这样就能模拟出一个基于实际工程项目的生产过程的生产性教学工场。学生在学校学习过程中就能在学校通过学习并了解到类似于实际工程运作的环境，形成一定的具体性的经验。教师能够更好的引导学生在工作中学习，在学习中工作。学生只有经历过大量的实践，不断缩小学校环境与企业实际工程环境的差距，才能在将来就业过程中更好地融入企业工作中，使学生能快速的完成身份的转变。教师在校园模块化的教学中，将"工匠精神"的内容有机的融合到课堂中去，即实现了传授知识，又提升了学生职业素养。

学生（学徒）在规定的时间去深圳宝鹰建筑有限公司参加实际工程项目的生产，企业以人才战略储备的高度出发遴选具有能力水平高、道德修养和责任心强的师傅来教授学生（学徒）在实际工程项目的知识运用，以言传身教的形式把实际生产项目中所用到的专业知识教给学生（学徒）。通过参加生产的实践环节，企业师傅把职业道德、职业生涯发展规划、行业规范、对公司的认同感等内容用潜移默化的方式教授给学生。校内导师及企业导师在不同时间、空间从不同维度来对学生的技能及职业素养来提升学生的核心竞争力，真正实现了学生德技并修的目的。

3. 三场交替，三师共育

三场交替：依托理实一体化教学工场（一场）、员工培训场（二场）及产业学院（三场），对每一位学徒进行"轮场式"实景化培养。

在现代学徒制试点单位建设过程中，广西水利电力职业技术学院结合宝鹰集团联合制定的教学项目和教材，采用项目模块化的形式，在实际制作生产中学习，在学习中参与实际项目的生产，先后创建了"木工实训场""铝门窗与幕墙实训场""宝鹰建筑学院设计中心""宝鹰建筑学院实训中心"等兼顾技能与实践能力相结合的三个"理实一体化"教学工场（一场），从根本上解决装饰专业校内教学环节与实际生产项目脱节的难题，培养行企业亟需的高素质专业技能型、应用型人才。现代学徒制的开展是校企合作的深度延伸，例如宝鹰集团将员工培训提前至学生在校学习阶段，根据与水利电力职业技术学院制定的教学项目和教材，宝鹰集团与广西水利电力职业技术学院共建的员工培训场（二场），可以使得原本学生（学徒）的身份产生变化，学生（学徒）不再是知识和技能的被动接受者，而是实际项目工程中的设计者与执行者。员工实训场把宝鹰集团的专业技能训练与学校课堂的专业教学紧密结合起来，实训生不仅培养了专业技能，同时专业素养也达到了一定高度，真正的达到了毕业即就业的标准。除了"理实一体化"教学工场及员工培训场之外，宝鹰集团还与广西水利电力职业技术学院共建宝鹰建筑学院（三场）。在课程体系中，明确第1、2学期主要进行第一场培养，第3、4学期主要进行第二场培养，第5学期主要进行第三场培养，第6学期是在第一、二、三场中综合培养；而在进行三场培养过程中，还需要穿插其他二场的培养，采取交替进行的方式，达到轮场且交替的要求，达到理论与实场随时有机结合的效果。

三师共育："三师"即校内导师、企业导师和行业导师，三师分别在三场进行主辅培训：在"一场"以学校导师为主，企业导师为辅培养；在"二场"以企业导师为主，学校导师和行业导师为辅培养；在"三场"以企业导师为主，学校导师和行业导师为辅培养。

在"一场"以学校导师为主，企业导师为辅培养。学校导师依据校内共建"理实一体化"教学工场，在学校对学生（学徒）的专业理论知识与基本技能知识进行教授，侧重于培养学生（学徒）的学习能力等基本能力，提升学生发展空间，以师德教风潜移默化地培养学生的学风，引导其掌握好的学习方法，学习习惯等，进而培养学生（学徒）的专业能力等基本能力。就本专业的学习特点、学习方法以及本专业发展方向给学生（学徒）以正确的指导。应在学生（学徒）专业课深入学习与专业知识加深拓展予以持续推进，还应在专业知识的理解、基本概念的把握、各专业课程之间的相互联系与影响以及专业知识如何在实践中运用等方面给予学生指导。企业导师与行业导师依据行企业发展需求，适时地对学生（学徒）进行指导。

在"二场"以企业导师为主，学校导师和行业导师为辅培养，企业导师的主要职责校外导师侧重于指导学生提高实际操作能力，培养学生形成良好的职业道德，指导学生（学徒）体验并形成初步的职业判断能力与项目技术及管理能力，介绍建筑装饰专业发展的最新变化，解决学生（学徒）理论学习的不足，增加实践认知能力以及适应未来工作的能力。学校导师及行业导师为辅助培养手段，通过解决企业的实际项目所遇的问题，提高学生（学徒）解决问题的能力。

在"三场"以企业导师为主，学校导师和行业导师为辅培养。广西水利电力职业技术学院聘请广西装饰协会专家作为行业导师，在现代学徒制班的学生培养中，以全局的角度出发，纵观整个培养过程，对企业、学校、学生（学徒）起到方向指引的作用，通过及时调研学校人才培养质量，对学徒制的成果进行检验，最终起到素质培养的作用。在"三场"环节，学校导师及企业导师，及时跟进行业导师意见，对人才培养标准、模式进行调整。

4. 四方评价，四位一体

四方评价：通过学校导师、行业导师、行业导师和第三方的企业经理人进行多方评价，从不同侧面评价学生（学徒）学习效果。

学院以立德树人为根本，不断强化以人才培养为中心的理念，把人才培养质量作为衡量办学水平的标准，致力培养学生的职业能力和职业素养，学生、家长、社会认可度高，毕业生动手能力强、素质高，用人单位满意度高。在现代学徒制建设中逐渐形成了"学校导师、行业导师、传承人导师和第三方的企业经理人"的四方评价体系。

学校导师评价。学校导师评价包括学业考试成绩，体能测试、心理健康、创新创业能力等进行综合素质测评共四个评价模块。学业成绩中包含专业基础课程，专业核心课程、实操课程，其中专业基础课程及实操课程以以优、良、中、及格和不及格 5 个等级评价对学生（学徒）进行评价；核心课程以百分制考核评价，学校导师可根据课程特点、学生特点等，根据学生出勤情况、作业、期中期末考试成绩对学生进行权重评价。其中体能测试、心理健康、创新创业能力等综合素质测评以优、良、中、合格、不合格 5 个等级对学生（学徒）进行评价，此几项模块均采用过程评价，在培养学生（学徒）过程中，全方位、全过程、全员的进行"三全育人"，对学生（学徒）的德、智、体、美、劳等方面进行全覆盖的评价。

企业导师评价。企业评价主要有职业素养评价及岗位技能评价两部分。职业素养评价包含职业道德、爱岗敬业、团队协作、精益求精的工匠精神的评价。岗位技能评价主要包括岗位完成能力、现场管理的能力、完成的速度及质量等三个考核指标。学生（学徒）在企业参加实践过程中，企业通过学会说呢过（学徒）在时间工程项目中的表现及正式入职技能考核两方面结合，给出最终考核成绩。

行业导师评价。行业导师通过纵观全局，对学生（学徒）是否能掌握专业核心技能、高水平的职业素养、完成工程项目的质量、对行业发展方向的掌握等四个方面对学生（学徒）进行评价。

企业经理人评价。企业经理人在学生（学徒）在参与实际工程建设过程中，对学生（学徒）在道德品质素养、出勤情况、安全生产、团结协作为重点考核要素等多方面进行综合评定。

四位一体：对学生（学徒）的思想品德、职业知识、专业技能和专业素养四项内容综合考核。

在立德树人的教育背景要求下，广西水利电力职业技术学院推广新型"拜师制"，一师一徒或一师多徒，通过拜师学校导师、企业导师及行业导师对传统方式创新加强技能传承。通过学校导师、企业导师及行业导师的联合培养下，学生（学徒）把思想品德的知识转化为一种内在的价值观，在今后的学习工作过程中通过三方导师的潜移默化，把在经过三年的培养后形成的价值观外化为实际工作行为，把内心形成的职业道德情感、意志和信念变成个人自觉的职业道德行为，在实际工作过程中，始终不渝地遵守职业道德规范，履行自己的职业责任和义务。

评价一个学生（学徒）的优秀与否，不仅仅是学生的专业技能，还包括支撑岗位工作背后所用到的知识，还包括团队协作能力、与人沟通交流能力、发现问题并解决问题的能力等职业知识能力，学生（学徒）在现代学徒制的培养下，通过在学校参加丰富多样的活动、实际参与工程项目修建、了解行业最新发展趋势，学生从不同维度上掌握了这些基本能力。

学校导师、企业导师及行业导师用自己扎实的理论知识、丰富的现场施工管理经验、敏锐的行业发展趋势嗅觉，从不同维度促使学生掌握专业技能。达到全面掌握专业知识、熟练掌握操作技术要领等。把技能训练与生产实践紧密结合，有利于养成更为全面的专业技能素质。

（二）校企共同构建专业课程体系

依托"三教"改革，以岗位能力培养为核心，按照学生认知规律和职业成长规律，对学习领域进行排序，与合作企业共同构建由公共基础学习领域、专业基础学习领域、专业核心学习领域、专业拓展学习领域及实践学习领域组成，基于职业岗位能力分析、符合职业活动过程导向的专业课程体系。

通过广西水利电力职业技术学院与深圳宝鹰集团联合制定校企"双导师"工作计划，明确双方在学徒班的主辅作用，详细计划如下。

第1学期：学校导师完成人才需求调研报告、人才培养方案、专业教学标准、课程标准等，完成思想政治课与岗位基础课程如装饰材料、装饰制图、素描与色彩等的教学、实践等。此学期在第一场完成。

第2学期：学校导师完成专业课程装饰CAD、装饰设计原理、建筑装饰构造及房屋构造等的教学，企业导师配合学校导师完成课程的教学与实践指导，学校导师起主要指导作用。此学期在第一场完成。

第3学期：学校导师配合企业导师完成施工生产实践指导。在这期间，学徒主要在校内项目部实习，企业导师主要承担技术与管理上的指导。在此期间学校导师和企业导师开始实施互兼互聘工作。此学期在第二场完成。

第 4 学期：学校导师完成专业课程装饰施工技术Ⅰ、装饰工程计量与计价、装饰 BIM 技术、电脑效果图表现技法等的教学，企业导师主要完成课程的实践指导。此学期在第二场完成。

第 5 学期：企业导师完成专业课程装饰施工技术Ⅱ、装饰施工组织与管理、铝合金门窗与幕墙技术以及建筑电气与照明技术、建筑给排水等的教学与实践指导任务，重在实践环节，学校导师配合完成。此学期在第三场完成。

第 6 学期：学校导师配合所有企业导师完成项目综合实践工作的指导，并由学校导师和企业导师共同完成学徒毕业资格审查。此学期在三个场地综合、循环完成。

（三）校企共同构建专业课程标准

依据学徒制"双主体"的育人模式，定期组织教师入企业参加培训，提升教师综合素质，更加贴近行企业实际发展方向；将技能大师、企业一线人员等引入校园，丰富教师结构层次；于校园内营造传统文化、爱岗敬业、职业素养等学习氛围。以教材建设为突破口，由学校导师与企业导师结合实际项目，按照本专业核心能力培养需要，与深圳宝鹰建设集团股份有限公司（以下简称宝鹰集团）联合重点开发《建筑装饰施工技术》《建筑装饰材料与构造》《装饰工程计量与计价》等 4 门核心课程的项目教学包。学徒制的学生由传统的校内导师实施课程授课完成后再由校外导师实施实践授课的模式转变为结合学校教学场所、企业实际工程项目、传承人导师的便利教学环境，采用"多师一课"的项目化教学、教师分工协作式模块化教学等教法，对学生进行轮场指导，将授课时间空间进行有机的调整。

四、校企互聘共用教师队伍建设

（一）制定校企双导师管理制度，构建现代学徒制教学团队

为加快现代学徒制建设进程，保证建设质量，广西水利电力职业技术学院大力推进职业教育师资队伍建设，在现代学徒制建设中采用校内教导师与企业导师联合培养学生的育人模式。双导师制最大的特点是：学校针对学生的个性不同进行差异化教学，把学生（学徒）的培养从原始的课堂教学搬入实际生产项目，使学生（学徒）在实际工程项目生产过程中能发现问题并解决问题，可促进学生（学徒）综合素质的全面提升，学校教师可在实际工程项目中学习到行业最先进理念、掌握行业最新发展趋势，为今后教学

活动中，及时调整教学内容与标准，提升教学质量，并积极推动校企产学研结合；企业由原来的被动接受学校培养的人才转变为直接参与高校技术技能人才培养工作，直接把员工培训提前至学校培养阶段，不仅节约了成本投入，更能在培养过程中，补充储备人才资源库的需求。

广西水利电力职业职业技术学院与深圳宝鹰集团联合制定《现代学徒制双导师管理办法》和《现代学徒制师傅标准》等制度，试点专业结合实际情况制定本专业的现代学徒制师傅标准，实现校企"双导师"的共育共培共管共用，共同建设现代学徒制"双导师"教学团队。

（二）双向挂职锻炼，提升双导师教学水平

为提升人才培养水平和质量，实施专任教师下企业，企业教师到学校的双向挂职锻炼。广西水利电力职业职业技术学院与深圳宝鹰集团联合制定《校企双导师"互兼互聘"协议》。

根据专业和学徒岗位的不同，校内导师到企业进行实践锻炼 1535 人天，同时为提高企业导师的教学能力和教学素养，企业导师到学校进行学习、培训和教学共计 193 人天。通过双向挂职锻炼，学校导师在教学与实践中专业技术水平得到大幅提升，具备了指导学徒达到工作岗位需要的能力，并具有一定的创新创业能力。企业导师能将专业与行业技术标准系统化理论化，并有效传授给学徒，使学徒尽快掌握所从事的岗位技术与管理能力，而导师本身理论水平得到综合提升，具备专业教师的教学水平。

（三）联合开展专业建设、技术研发，提升"双导师"能力水平

学校积极与企业联合开展专业建设、技术攻关与科学研究，不断增强"双导师"队伍的的职业能力、技术水平与科研能力。共立项课题 9 项、申请专利 2 项、建设 21 门在线课程、出版 5 本教材，"双导师"队伍的工作成效多次在中国高职高专网、广西八桂职教网等媒体上得到宣传和推广。

五、构建现代学徒制宝鹰特色学院

（一）完善规章制度及教学标准

校企联合制定了《现代学徒制宝鹰建筑学院章程》《现代学徒制宝鹰建筑学院管理办法》，共同编制了宝鹰建筑学院现代学徒制专业教学标准、17门课程标准。

（二）招生招工与教学实施

宝鹰特色学院实施校企联合招生，2018 级招收了 13 名现代学徒，学生

（学徒）按照宝鹰集团施工员、资料员岗位要求进行培养。在教学中实施"双主体"育人、"三导师"教学模式，教学过程实施工学交替，特别是以宝鹰实际工程项目为载体开展各种形式教学，实现专业设置与产业需求对接、课程内容与职业标准对接、教学过程与生产过程对接。

（三）实训基地建设

实训基地主要由理实一体化教学工场（一场）、员工培训场（二场）及产业学院（三场）三个场组成。

理实一体化教学工场是学院与宝鹰集团在 2015 年合作共建的教学基地，2019 年校企继续共同投入 170 多万完善教学基地建设。理实一体化教学工场实施实岗育人模式，职场氛围浓厚。宝鹰集团全程参与实训中心设计、施工，宝鹰学院实训中心的实训环境与宝鹰企业文化互相交融，现场的门牌、安全警示牌、制度牌、企业文化牌、岗位职责牌、办公设施等施工现场的布置，与宝鹰企业真实的施工场景一致。学生在理实一体化教学工场即可完成装饰专业的理论与实践教学。实现了教室与施工现场、教师与师傅、考试与考核相融合，实现了毕业证书与职业资格证书对接的实岗育人功能。

员工培训场是学院与宝鹰集团 2016 年合作共建基地，学院充分利用我院师资力量、教学场所、实训设备、教学管理等方面的优势，积极承担宝鹰集团的职工教育培训任务，每年举办职工专业技能提升培训班，为宝鹰集团培养了一批稳定、团结、智慧、年富力强的管理团队，储备了大量优秀的技术队伍和行业精英。学院继续以学徒制双主体合作为牵引，深化双方在文化共融、科技研发、技术服务、继续教育等方面合作，实现校企在职业教育与终身学习对接。

产业学院是学院与宝鹰集团在 2019 年为推进校企合作协同育人，结合区域支柱产业、战略性新兴产业和特色产业，探索建立产教融合新机制，构建高校、地方政府、行业企业等多元化办学主体的协同育人体系，实现高校办学结构和效能优化，推动产业发展迈向中高端，经友好协商，在原"共建宝鹰建筑学院框架协议"的基础上，进一步就共同建设集人才培养、科技研发、创新创业和社会服务于一体的产业学院。在产业学院，学生（学徒）可以参与实际项目生产运行，从而保证了教学环节、培训环节和生产环节的"无缝衔接"。

六、建筑装饰工程技术专业现代学徒制的实施成效与创新

（一）产教深度合作，促进校企生三方共赢

现代学徒制是以企业用人需求为目标，以校企深度合作为基础，以学生（学徒）培养为核心，以工学结合、半工半读为形式，以教师、师傅联合传授为支撑，校企双方各司其职、各负其责、各专所长、分工合作，从而共同完成对学生（员工）的培养。把工作岗位的技能训练与学校课堂的专业教学紧密结合起来，既重视专业知识的灌输和全面素质的培养，也重视专业素养和从业技能的训练，增强了学校与企业双主体办学的融合度，成为学校与企业共同发展的最佳结合点。校企深度合作也促进了学校专业教师技能水平的提升。

对于企业：企业文化较早植入，使得学生对企业有较高忠诚度。企业全程参与人才培养，得到适应企业发展需求的、能胜任企业工作岗位的高素质技术技能人才，同时，还可以通过现代学徒制，为企业未来发展进行人才储备。

对于学校：学院既实现有限教育资源的功能最大化，又提升自身办学实力，提升学生就业质量，提升企业行业认可度，为广西区域经济发展培养更多高素质技能型人才。

对于学生：学生既减轻了家庭的经济负担，又获得了能够实现自身价值的职业技能，推动学生岗位成才，发挥了职业教育"扶贫、富民、强桂"职能。校企在现代学徒制试点中，有意识地助力国家扶贫攻坚战略，共招收精准扶贫学生4人，贫困生8人。学生通过岗位培养，最大限度地调动学习的兴趣，使学习的意愿和学习的效果达到最强和最优。

（二）双轨分段、岗学对接，提升学习成效

校企合作共建宝鹰建筑实训中心，按照企业生产流程和生产标准要求，建设与企业生产过程相一致的实训基地，通过企业的真实任务和项目实施真场景真项目的教学模式，学生置身于生产情境之中，通过工学结合、知行合一，充分调动学习积极性和主动性，提高教学效果，有效提升学生职业能力。

（三）夯实素质教育，传承工匠精神

学徒制是历史传承的职业教育方法，通过师傅的传帮带，获得职业技术技能，更重要的是通过观察、模仿师傅继承爱岗敬业、精益求精、追求卓越

的工作境界和人生境界。为了实现这一培养目标，在制定人才培养方案时，将我国优秀的传统文化渗透入教学的全过程，包括知识、能力目标定位，课程设置，教学内容实施。课程内容涉及人际沟通准则，自我职业形象塑造，传统文化知识积累，使学生在课程学习中，得到传统文化的涓涓滋养，从而达到外立形象，内强素质的综合成长目标。

（四）带动专业群发展，辐射省内外中高职院校

现代学徒制密切了学校与企业之间的联系，校企双方共建专业、共同开发课程体系、共建师资队伍和实训基地，辐射带动了建筑类专业群的发展，加强了行业调研和课程体系改革、专业标准和课程标准的开发，校内受益学生达到6142人，学生技能竞赛屡创佳绩，在广西高职院校技能竞赛等各种赛项中获奖10余项。

试点经验在贵州黔西南民族职业技术学院、广西城市建设学校等省内外21所中高职院校推广应用，校外受益学生达12600余人。《产教深度融合校企协同育人》入选2018年全国高职高专校长联席会成果展典型案例，试点成效获中国高职高专教育网等权威媒体的宣传报道，取得良好的社会效益。依托"中国—东盟"职教展，将建筑类现代学徒制人才培养职教特色品牌、中国民族建筑营造技艺、营造文化和中国工匠精神传播到"一带一路"沿线国家乃至世界各地。

（五）致力民族教育，培养民族建筑"新型承创人才"

建筑装饰工程技术专业在订单培养的基础上，依托现代学徒制试点项目，主动将职业教育的触角厚植于民族教育的沃土，针对从事民族建筑传承与创新专门人才短缺的现状，创新性地开展了民族文化传承与职业教育人才培养有效融合的具体实践：搭建了一个"一体两翼"的协同育人平台，组建了"院士工作室""民族建筑大师工作室"等一批广西民族建筑"新型承创人才"培养孵化基地，探索了一套基于民族文化传承与职业教育人才培养有效融合的人才培养新模式，为民族地区"定制式"培养了大批民族建筑"新型承创人才"，为民族团结进步、边疆稳定、脱贫攻坚做出了较大贡献，彰显了民族地区职业院校的民族担当与社会担当。

第三节　工商管理类专业现代学徒制实践

一、工商管理类专业现代学徒制试点实施情况

（一）酒店管理试点专业现代学徒制人才培养的实施

1. 校企联合招生招工，稳定办学规模，校企共同研制、实施招生招工方案，实行"专业招生和企业用工一体化"。例如广西水利电力职业技术学院酒店管理专业现代学徒制项目，2018年——2019年对酒店管理专业学生采用先招生后招工的模式，共招生了现代学徒制学生累计41名。在招工之前，为了让学生对现代学徒制、万豪酒店有更深入的了解，专业和酒店联合开展了酒店参观、宣讲、师兄讲授工作经验、师傅交流工作心得等活动。招生招工的过程进行面试择优录取，合格被录取的学生与学校、酒店签订三方协议。并于2018年、2019年在南宁鑫伟万豪酒店召开了酒店管理专业现代学徒制"万豪班"的开班仪式，活动中给酒店师傅颁发了聘书，进行了揭匾和拜师仪式等。

2. 校企共同组建了双导师教学团队。根据双导师的聘任标准，组建了双导师教师团队。

3. 校企创新人才培养模式，大力推进教学改革。通过对广西酒店行业、南宁鑫伟万豪酒店从业人员的调研、以及到兄弟院校交流学习，校企共同完成了《酒店管理专业供需调研报告》《酒店管理专业职业能力分析报告》《酒店管理专业人才培养工作方案方案》《酒店管理专业人才培养方案》《酒店管理专业专业课程体系建设》《酒店管理专业教学标准》等文件，形成了"4234"的人才培养模式。

4. 校企共同完善课程体系，共建课程教学标准化。包括专业课程体系构建，及课程教学资源及标准化建设。

5. 校企共同建设校内、校外实训基地。酒店管理专业购买了酒店综合管理教学系统和客房服务教学系统；以南宁鑫伟万豪酒店的模式制作酒店管理专业实训室的企业文化墙与宣传板；建设1间VR实训室；由万豪酒店为专业提供该酒店的客房床品、餐饮摆台用品等，真实展现酒店与校内实训室的整合与统一，实现校内实训室即工作基地。

（二）资金到位和执行情况

广西教育厅和学院高度重视试点项目建设，2019年，广西教育厅下拨

现代学徒制专项经费 200 万，学院自筹配套资金 204 万，共投入 404 万资金到 2 个试点专业建设。

为使现代学徒制的试行更高效的开展与实施，打造出酒店管理专业现代学徒制"4234"的人才培养模式，对校内实训室、教学团队、以及课程建设等进行完善与升级：共申请经费 228 万。其中包括实训室文化建设、实训室服装采购、教学软件采购、现代学徒制酒店 VR 信息化实训室建设、现代学徒制调研考察学术交流、校企互聘共用的教师队伍建设、参加高职院校技能比赛、出版教材等项目。

二、工商管理类专业现代学徒制人才培养模式

现代学徒制的发展开启了工商管理类专业校企联合、一体化育人的人才培养模式进程。工商管理类专业在现代学徒制校企合作育人的过程中应该坚持立德树人、统筹规划。促进以学生的德智体美全面发展作为工作的根本任务，统筹利用好行业、企业、学校等方面的资源，协调好教育、人社、财政、等相关部门的关系，形成合力，共同研究解决工作中遇到的困难和问题。坚持合作共赢，职责共担，学校教师和企业师傅双导师教学，在学校由专业教师进行在理论知识与实践操作授课，企业则由各部门经理、主管等组成的导师团队进行企业授课。通过双元育人方式，使学生明确院校学生和企业员工双重身份。根据学校和企业的对人才的需求进行联合招生、联合培养、一体化育人的长效机制，切实提高人才培养的针对性，解决企业招工难问题。

现对广西水利电力职业技术学院酒店管理专业在现代学徒制实践过程中的经验与特色进行总结与提炼：2018 年，广西水利电力职业技术学院酒店管理专业与南宁鑫伟万豪酒店签署了现代学徒制的战略合作协议，开启了校企联合、一体化育人的人才培养模式进程。学院、企业、学生三方共同参与，以酒店管理专业为试点，充分发挥校企双方优势资源，依托南宁鑫伟万豪酒店这个平台，促进教师与岗位、教师与师傅、考试与考核、学历与证书四个方面的融合，制定联合招生招工机制、联合培养机制、工资福利机制、考核机制、双向选择就业岗位机制五个运行机制；打造了现代学徒制"4234"的人才培养模式，切实把现代学徒制试点工作落到了实处。

（一）形成校企"双主体"育人机制

广西水利电力职业技术学院酒店管理专业与南宁鑫伟万豪酒店以"成本分担、资源共享、互惠互利、协同创新"为目标，以"资源共享、互利共赢"为原则签订了《现代学徒制合作协议》，明确双方在育人过程合作方式与分工、实习实训场所和实习岗位共享共建、人才培养成本分担、权益与责任，共同实施现代学徒制招生及育人工作。学校与企业联合办学协议的核心内容主要有二项，一是规定双方在办学中的责任与义务；二是明确建立校企联合招生、分段育人、多方参与评价等方面的合作与分工，实现精准育人。

同时学校与企业联合成立了工作领导小组，专业成立了现代学徒制项目实施工作小组，明确了双方在教学共建、资源共享、人才培养、科技开发、社会服务等方面的职责与分工。并与政府、行业、院校和企业构建多方联动的现代学徒制运行平台，以解决试点工作中机制不健全、协同创新发展动力不足问题。

（二）校企联合招生招工，稳定办学规模

在现代学徒制开展缺少相关法律政策支持的情况下，广西区将现代学徒制招生纳入到自主招生工作，学院在省考试院统筹部署下，利用现行的职业教育制度与劳动用工制度相融合，实现校企招生招工一体化，实现了学徒的职业院校学生身份和企业员工身份。具体作法如下：

1. 校企联合成立招生招工工作组，共同制订和实施招生招工方案，协调招生招工工作中出现的问题，共同制定招生章程、开展招生招工宣传、考核（含面试）、录取等招生招工工作。

2. 实行先招生后招工的原则，高中毕业生经综合文化笔试合格后、中职毕业生经综合文化笔试和专业技能测试合格后，参加由合作企业主要参与的面试环节，笔试、面试均合格后，学生与企业签订劳动合同，方可录取为学校在校生，实现学徒的学生身份。

3. 签订劳动合同。基于校企联合开展现代学徒制办学协议，按现代学徒制招生招工制度要求，试点专业学生与企业签订劳动合同。学生与企业劳动合同的核心内容有三项，一是企业接纳学徒为企业员工，在岗学习期间享受企业员工的薪酬福利待遇；二是企业要为学徒在岗学习提供必要的条件；三是学徒学习期满毕业后再次双向选择职业岗位的相互约定。通过签订劳动合同，真正实现学徒的企业员工的身份。

4. 依据校企《现代学徒制联合培养协议》及学徒与企业的《劳动合同》，企业明确了学徒工作岗位及劳动报酬，学校为学徒在企业岗位工作学习期间购买了保险，切实保障了学徒的合法权益。

学院 2018 年—2019 年对酒店管理专业学生采用先招生后招工的模式，共招生了现代学徒制学生累计 41 名。在招工之前，为了让学生对现代学徒制、万豪酒店有更深入的了解，专业和酒店联合开展了酒店参观、宣讲、师兄讲授工作经验、师傅交流工作心得等活动。招生招工的过程进行面试择优录取，合格被录取的学生与学校、酒店签订三方协议。并于 2018 年、2019 年在南宁鑫伟万豪酒店召开了酒店管理专业现代学徒制"万豪班"的开班仪式，活动中给酒店师傅颁发了聘书，进行了揭匾和拜师仪式等。

（三）校企创新人才培养模式，大力推进教学改革

按照"合作共赢、职责共担"原则，校企合作根据岗位对人才的能力要求、通过对广西酒店行业、南宁鑫伟万豪酒店从业人员的调研、以及到兄弟院校交流学习，探索出一条根据企业岗位能力标准，拟定职业岗位能力课程、制定和修正现代学徒制人才培养方案的流程与路径，研制了适合校企双元育人的专业教学标准、课程标准、岗位技术标准、师傅标准、质量监控标准及相应实施方案。形成了以标准为基础、以能力为本位、校企精准对接、精准育人、岗位成才"4234"的现代学徒制人才培养模式。即"四轮驱动→双轨并进→三段育人→四位评价"。现代学徒制"4234"人才培养模式如图 4－11 所示。

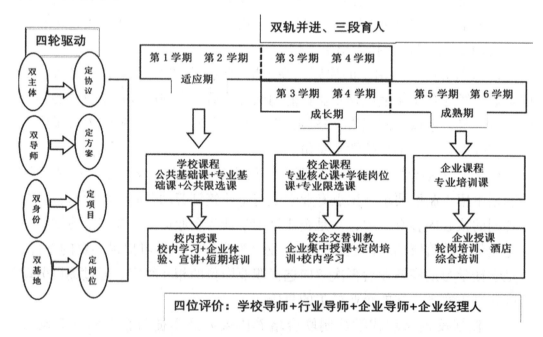

图 4－11　现代学徒制"4234"人才培养模式

"四轮驱动":"双主体签订三方协议、双导师共同制定人才培养方案、根据学生的双重身份确定工作项目和学习任务、在学习和生产的双基地确定工作岗位"即四个双向轮滚动发展,带动项目更精准、更高效实施。

"双轨并进":学生在现代学徒制的培养当中主要进行的是专业基础课程+专业核心课程+学徒岗位课程。在校完成的是学校课程+校企课程;在企业完成的是校企课程+企业课程;通过两条教学双轨道进行交替训教。

"三段育人":第一阶段即第1、2学期,主要以学校教师为主进行教学、管理与考核;第二阶段即第3、4学期,酒店师傅、学校老师进行交替训教;第三阶段5、6学期以酒店师傅为主进行教学管理。

第一段即第1、2学期,主要在校内进行学习。在学校进行公共基础课+专业基础课+公共限选课。在校主要完成"专业教师+学生自身"的校内学习,在企业主要完成酒店师傅带领学生参观、宣讲、讲座、进行短期培训、企业文化植入、酒店联谊等教学,让学生体验、模仿、尝试、感悟企业文化,掌握专业知识和技能标准,培养职业意识。

第二段即第3、4学期,在学校企业交替进行学习。第3学期前三个月在酒店进行定岗培训,企业师傅带领学习,完成"企业师傅+学生自身"的企业学习,1个师傅带5个左右徒弟,组成学习小组,确保学生切实掌握实习岗位所需的技能;同时进行企业集中授课,并进行企业学习评价和考核;第3学期后两个月和第4学期在学校进行课程知识的递进补充学习。

第三段即第5、6学期,正在酒店进行轮岗培训和综合培训。第5学期师傅传授酒店核心服务技能和管理经验,并安排学生进行轮岗培训;第6学期酒店接受酒店成绩突出的学生到管理岗位进行学习,确保学生"下得去""留得住""学得好",并做好评价体系。

"四位评价":通过学校导师、行业导师、企业导师和企业经理人的综合评价,全面考核现代学徒制班学徒的综合能力,同时考核结果作为学徒学业成绩和绩效发放依据。

在教学实施过程中,结合学徒的学生和员工双重身份,采用在学校和企业两个场所进行任务训练、集中授课、企业培训、岗位培养等四种教学授课方式,由具有任职资格的学校导师及企业导师共同开展课程总体设计及单元设计、共同实施课程教学、共同考核学徒。

（四）校企共同参与课程建设

现代学徒制人才培养模式改革中，课程建设是一项重要内容，是落实人才培养方案，实践校企联合育人的具体载体，主要解决了现代学徒制双主体育人的课程模式和教学模式的问题，对现代学徒制人才培养质量和效果起关键性作用。

工商管理类专业的课程建设，要始终围绕现代学徒制有利于行业、企业参与职业教育人才全过程，实训课程内容与职业标准对接，教学过程与生产过程对接，职业教育与终身学习对接，提高人才培养的质量和针对性。

以下结合教育部第三批试点改革专业酒店管理专业的核心课程《前厅服务与管理》，分析总结经营管理类专业现代学徒制的课程建设实践与研究。

核心岗位课程要学徒制合作企业共同教研，联合开发，构建创新性教学模式，紧扣企业经营实际，针对性培养适合企业需要的人才。

学院现代学徒制试点酒店管理专业的核心课程，均与合作酒店南宁鑫伟万豪酒店共同教研，联合开发，构建"四轮驱动五对接"的教学模式。

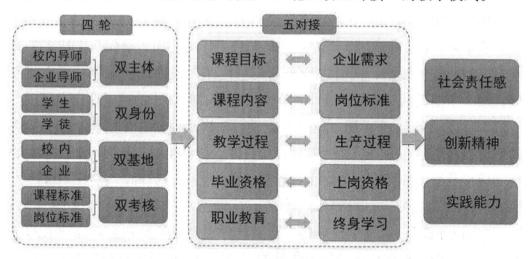

图 4-12　"四轮驱动五对接"教学模式

1. 要对课程进行实际工作岗位任务为依托的课程模块化设计，解决课程教学内容怎么教的问题。

现代学徒制改革的目标是培养适应行业企业需求的复合型、创新型高素质技术技能人才，目的是提升学生的综合职业能力。企业的基本需求就是获得各个岗位上的优秀人才，满足岗位运行管理需要，因此课程教学必须打破以往理论知识的体系和结构，直接以现代学徒制合作企业的实际岗位任务为内容，重构教学内容，重组教学模块。

在现代学徒制酒店管理试点专业的《前厅服务与管理》课程中，就是要培养酒店前厅预订岗、接待岗、礼宾岗和前厅副理、前厅经理岗位的专门人才，在实际的教学过程中，根据酒店管理专业人才培养目标和课程标准，结合企业当下的经营实际，对《前厅服务与管理》课程进行了以工作任务为核心的模块化改造。具体做法为，结合2020年酒店行业遭遇的"新冠肺炎疫情"的经营现实，广西"三月三"助力疫情中经济复苏的实际，以此过程中酒店前厅各岗位对客服务和对内管理的实际工作，确定了综合学习任务"战疫期间，酒店三月三生活节中的前厅服务与管理"。依据岗位业务分工，将综合任务分为对客服务和运营管理两大模块，按前厅对客迎接、住店服务，离店服务三个阶段工作设计工作项目。

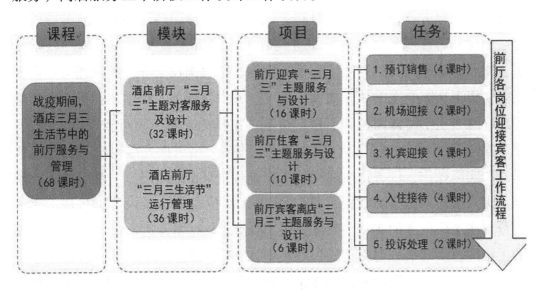

图4-13 三个阶段工作设计工作项目

2. 应构建围绕岗位知识与技能，校企双师共同参与的教学策略，解决现代学徒制改革中，课程谁来教，课堂教学过程怎么组织的问题。

现代学徒制的课程教学应充分利用双主体育人的有利条件，在课程中将双师教学有序交叉和融合，充分发挥校内教师和企业导师在教学和专业业务上的各自优势。在这个过程中借助现代化信息技术，采用线上线下组织教学，突破学校与企业之间的时空局限，充分调动和利用各项教学资源，提高教学效率，提升教学效果。

具体做法如下：企业导师通过视频的形式，线上发布真实的工作任务，提供最新行业资讯，校内教师在课堂进行任务分析，引导学习；企业导师提供真实的工作案例，校内教师在课堂结合教学内容进行引导分析，由学生发现问题，解决问题，提供实际工作的能力和素质；企业导师工作根据课前课中的各项教学调查，了解学生学徒的学习情况下，通过网络直播连线的方式，观看学生岗位任务完成的全过程，以企业岗位的标准对学生进行指导、点评，使学生学徒学习掌握的工作标准和岗位实际标准无缝对接；在现代学徒制培养模式中，学生学徒有大量企业实践学习的机会，在企业真实的岗位上，看到企业师傅的示范，得到企业导师的现场指导，大大提升学生学徒实际工作能力，全面培养学生对职业的热爱和良好的职业精神。

在教学环节的设计过程中，以岗位工作任务为基础，围绕学生对工作岗位的认知规律进行组织设计，有利于学生的对实际岗位工作的了解掌握。

学院酒店管理专业《前厅服务与管理》课程的教学实施过程，以学徒制合作酒店前厅迎宾的真实工作任务为例，围绕岗位工作任务的相关知识和技能，根据高职学生的认知规律，每项任务设计课前、课中、课后六大教学环节，既自主学习知岗位（了解岗位基本工作内容和最新行业资讯），富源导学固岗位（对工作内容和方法的具体了解），小组探究懂岗位（通过合作形式的实际操作，任务达成对岗位工作的各个环节的步骤、方法、技巧、重难点深入认知、探索和掌握），模拟实践练岗位（通过校内实训条件，完成岗位真实工作任务的实践，熟练岗位操作），实地体验达目标（在企业真实的工作岗位中实战练习岗位知识和技能），考核评价知成果（通过校企多元考核的方式，检验岗位知识和技术掌握的程度，检验是否达到企业岗位用人需求的目标）。

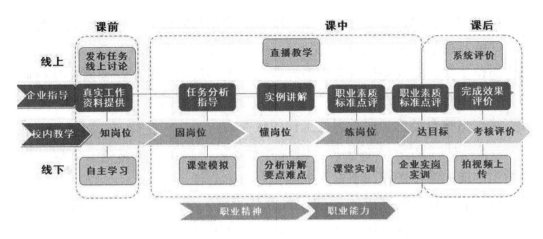

图4-14 教学环节设置

3. 以满足企业岗位需求为方向，以学生综合职业能力素质培养为目标，根据行业经营的实际现实情况和需要，及时调整补充相应教学内容，以保证学校教授内容紧跟行业发展变化，企业经营实际的地域性、时代性、特色创新的需求变化。

以酒店行业为例，酒店是不同文化交汇中心，要求工作人员有对不同文化的理解能力，有用文化的魅力提升服务质量的能力，有文化传承与传播的社会责任。同时，酒店是公共事务活动中心，在疫情期间有防疫抗疫的经营需要以及社会责任。因此，在教学内容和教学过程设计中，综合地方性民族文化知识和防疫抗疫知识设计教学内容。既提高了学生学徒的综合文化素养，也提高了学生学徒的实践工作能力和创意创新能力，对学生学徒在岗位上可持续发展有重要意义和作用。

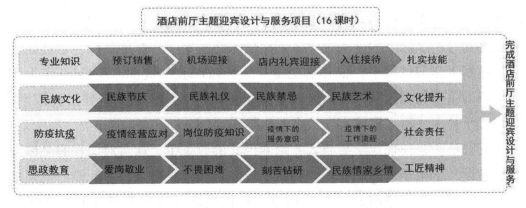

图4-15 酒店前厅主题迎宾设计与服务项目

在教学内容中，不可忽视思政品质、职业精神的培养。学生学徒只有具备良好的品德修养和爱岗敬业的精神，才可能充分发挥自身的能动性，做好岗位岗位工作。尤其是经营管理类专业，人既是最重要的生产要素又是行业的工作服务对象，对人的思想品德素质的塑造要求要高于其它的专业，才能真正培养出符合经营管理类岗位工作的优秀人才。

4. 利用校企联合教学优势，重视并开发教学资源，丰富教学手段，提升学生学徒的学习兴趣和学习效果。

以酒店管理专业试点的《前厅服务与管理》课程为了，校企联合开发了大量的与企业岗位工作环境、工作标准对接的教学资源。

例如针对学生不了解工作环境，缺乏实践经验，没有职业感知，开发了前厅岗位综合学习指导软件。软件以实景地图的形式，以实际岗位流程为基础内容载体，将前厅各个岗位的工作内容，工作操作步骤，工作示范，岗位规范化标准要求，规范化中英文用语都整理融入软件中，这些资料信息全部有企业一手提供，使得学生随时随地可以根据自己的学习需求，调取相关内容进行自主学习，提高学习的便利性，提高了效率，也实现了教育对个体的针对性。

校企联合开发各岗位各项工作任务的系列微课，以企业工作内容为基础和框架，以校内教学方法和形式进行加工制作。例如，企业提供各岗位各项典型工作任务优秀师傅的实岗操作视频，学校利用现代信息化手段，将视频进行加工制作，在视频中添加工作流程说明，工作要点要求和工作技巧讲解，把以往的书面理论抽象知识融入到实践工作过程中，点对点进行学习和了解，学生很容易就对岗位工作的要求和实际操作标准有全面直观的了解，在还没有进入企业前，就能对工作环境有所了解，对工作标准掌握清晰，对职业感知有所加深，为进入企业实际岗位工作奠定了很好的基础，学徒在企业学习和工作的过程中，很容易上手。这些微课教学资源，还可以 作为企业培训的重要资源，大大提高企业新进员的培训效率，减少企业培训成本，是现代学徒人才培养模式实现校企双赢的重要体现。

实践证明，在现代学徒制人才培养模式的改革中，通过对课程的总体设计和建设，学生学徒的职业素养和职业技能培养效果较好，专业能力得到提升。根据超星学习通统计的数据显示，在校内老师和企业导师的综合评价下，学生完成学习任务的效果较好，综合成绩统计90%达良好优秀以上级别。企业导师评价学生操作规范性大大提高；各岗位操作流程掌握熟练；学生前厅各岗位技能操作中的应对应变能力得到提升。

（五）校企共建共用师资队伍

现代学徒制人才培养模式中，校企共建师资队伍是工作的重要任务。

1. 为实现现代学徒制教学任务由学校教师和企业师傅共同承担，形成双导师制，必须建立起校企双方共同参与的师资队伍领导和教学团队。

2. 学院现代学徒制酒店管理专业成立了各级相应的领导和管理组织，形成了一把手领导，各相关行政部门联合保障，校企双方骨干力量联合落实实施的试点工作组织构架，为各项工作的开展提供了组织保障。

3. 由学院主管教学副院长和酒店总经理组成教师团队的项目实施负责人，负责整个现代学徒制人才培养的统筹组织，政策指导和制度制定。学校人事部门、招生就业部门、教务部门和企业人力资源部、培训与学习发展部等职能部门构成现代学徒制校企联合管理实施组织。学校专业系部教师和酒店各业务部门经理构成现代学徒制校企联合教学组织。试点酒店管理专业双导师队伍建设经过不断的完善及师资选拔，形成了一支集 7 名学校导师和 5 名企业导师的优秀教师队伍。

4. 加大学校和与企业之间人员互聘共用、双向挂职锻炼、横向联合技术研发和专业建设的力度。具体工作体现在以下方面。

（1）共同参与专业建设、制订课程设计方案、共同编写课程教材、通过线上线下共同授课，共同开发课程教学资源，共同培养学生的岗位技能素质、共同完成对学生的考核等工作任务。

以酒店管理专业为例，前厅部经理、餐饮部经理、客房部经理，聘为专业《前厅服务与管理》《餐厅服务与管理》《客房服务与管理》课程的教学团队成员，全面参与校内和企业现场的教学和评价工作。校内教师被酒店企业聘为文化培训导师，为酒店员工提供旅游文化、人文素质方面的培训，提升酒店员工的综合素质。

（2）联合开展教学研究、完成院内外多项课题项目。开展岗位工作研究，开发系列岗位培训资源。

（3）校企双导师之间开展交流培训系列活动，例如专业建设研讨会、学徒制试点单位调研会议等。

（4）要建立校企联合的师资队伍的完善管理制度，保障联合师资队伍的有效运行。制度内容包括企业师傅和校内导师的选拔条件，应以优秀高技能人才为选拔标准，明确校企双方师傅的责任和待遇，明确校企双方导师应承担的教学任务和考核标准，考核结果作为晋升职务的重要依据。

我院酒店管理试点专业，构建了完整的联合师资队伍管理制度，包括《现代学徒制双导师管理办法》《酒店管理专业现代学徒制师傅标准》等。

（六）校企联合建立、完善、实施现代学徒制管理制度

校企联合制定了较为完善的、与现代学徒制特点相适应的教学管理制度。学院联合合作企业出台了《现代学徒制试点实施管理办法》，从招生招工、人才培养、考核评价、经费保障等方面，规范现代学徒制试点工作管理。

规范教学设计、课堂管理以及学徒的日常行为。完善了《现代学徒制日常教学管理办法》，《现代学徒制学分制管理办法》，着重对现代学徒制人才培养方案的制定、课堂教学的组织形式、教学过程性文件要求以及学生（学徒）的学制（含弹性学制）、学分、选课、考核等方面做出具体的规定，规范以育人为目标的工作岗位学训考核评价标准，建立多方参与的考核评价机制，建立定期检查、反馈等形式的教学质量监控机制。

制定学徒管理办法，保障学徒合法权益。学院完善了《学生（学徒）管理办法》等管理制度，根据教学需要保障人身安全。在与企业签订的《现代学徒制校企合作协议书》《现代学徒制三方协议书》中，科学安排学徒岗位、分配工作任务，明确学徒合理报酬，为学徒购买保险，全方位保障学徒人身安全。

三、工商管理类专业现代学徒制的实施成效与创新

（一）深度合作促进三方共赢

对于企业：酒店文化较早植入、学生对企业有较高忠诚度，全程跟踪培养人才，适应企业发展需求培养出能胜任酒店一线、经营管理等工作的高素质技术技能人才，并进行人才储备。

对于学校：学院既实现有限教育资源的功能最大化，又提升自身办学实力，为广西区域经济发展培养更多高素质技能型人才。得到了酒店和行业的认可，获得南宁鑫伟万豪酒店"最佳人才培育奖"、在水利厅网站进行教学成果报道。

对于学生：学生既减轻了家庭的经济负担，又获得了能够实现自身价值

的职业技能，推动学生岗位成才，发挥了职业教育"扶贫、富民、强桂"职能。2018、2019届学招生侧重精准扶贫，共招收精准扶贫学生4人，贫困生8人。

在企业培训期间有同学被评为月度出彩待客师，通过学习可以最大限度地调动学习的兴趣，积极参与学习过程，使学习的意愿和学习的效果达到最强和最优。

（二）实景教学促进学习成效

酒店管理实训基地，按照企业生产流程和生产标准要求，建设与企业生产过程相一致的实训基地，通过企业的真实任务和项目实施真场景真项目的教学模式，学生置身于生产情境之中，通过工学结合、知行合一，充分调动学习积极性和主动性，提高教学效果，有效提升学生职业能力。

（三）现代学徒制教学夯实工匠精神、传承民族文化

学徒制是历史传承的职业教育方法，通过师傅的传帮带，获得职业技术技能，更重要的是通过观察、模仿师傅继承爱岗敬业、精益求精、追求卓越的工作境界和人生境界。为了实现这一培养目标，在制定人才培养方案时，将我国优秀的传统文化渗透入教学的全过程，包括知识、能力目标定位，课程设置，教学内容实施。除基本的公共基础教育课程，专业课程中开设的《礼仪与沟通》《大学语文》《茶艺训练》课程，课程内容涉及人际沟通准则，自我职业形象塑造，传统文化知识积累，使学生在课程学习中，得到传统文化的涓涓滋养，从而达到外立形象，内强素质的综合成长目标。

第四节　总结与启示

广西水利电力职业技术学院在现代学徒制实践过程中，依据不同专业（群）现代学徒制建设要求，根据不同行业背景，因地制宜的建设有中国特色的现代学徒制。学院水利、土建、工商管理等专业的现代学徒制的建设内容，均从创新人才培养模式、课程体系及教学标准建设、校企合作实训基地建设、校企联合招生招工、师资队伍建设、制度保障等方面进行了大量的工作。水利、土建、工商管理等三类专业（群）现代学徒制的建设均在此大框架下有序进行，但由于各个专业差异化及所处行业背景不同而走出了不同的特色道路。其总结如表4-3。

表4-3 广西水利电力职业技术学院不同专业群现代学徒制工作对比

专业（群）\工作内容	水利类专业（群）	建筑类专业（群）	经管类专业（群）
创新人才培养模式	"校企共育，素能并进，学训结合，三核心"人才培养模式	"一项宗旨，一种理念；双重身份，三师共修；三场交替，四方评价；四位一体"的现代学徒制人才培养模式	以标准为基础，以能力为本位，校企精准对接，精准育人，岗位成才"4234"的现代学徒制人才培养模式
课程体系及教学标准建设	1.校企共同构建"职业素养模块+基础通用模块+专业模块+岗位模块"的水利类专业群课程体系 2.水利行业企业岗位职业标准和"1+X"证书标准有机融入专业课程内容和教材建设中，吸纳水利行业新技术、新工艺、新材料	1.与合作企业共同构建由公共基础学习领域、专业基础学习领域、专业核心学习领域、专业拓展学习领域及实践学习领域组成，基于职业岗位能力分析，符合职业活动过程导向的专业课程体系 2.开发工学结合的课程项目教学包	1.对课程进行实际工作岗位任务为依托的课程模块化设计 2.构建围绕岗位知识与技能，校企双师共同参与的教学策略 3.满足企业岗位需求为方向，以学生综合职业素质培养为目标，根据行业经营的实际现实情况补充需要，及时调整补充相应教学内容
校企合作实训基地建设	1.创建生态水利大禹科技园 2.创建"互联网+"实践教学平台 3.创建跨国智慧水利实训教学平台	1.成立人才联合培养基地 2.校企合作共建"宝鹰建筑学院" 3.成立了宝鹰建筑学院实训中心 4.学院成立宝鹰集团职工培训基地	校企共同建设校内、校外实训基地。酒店管理专业购买了酒店综合管理教学系统和客房服务教学系统；以南宁鑫伟万豪酒店的模式制作酒店管理专业实训室的企业文化墙与宣传板；建设1间VR实训室；由万豪酒店为专业提供该酒店的客房床品、餐饮摆台用品等，真实展现酒店

续表4-3

专业(群) \ 工作内容	水利类专业(群)	建筑类专业(群)	经管类专业(群)
校企联合招生招工		1. 成立"现代学徒制招生招工工作组" 2. 招生招工原则及目标任务 (1) 招生招工宣传工作 (2) 学生(学徒)录取工作 (3) 新生报到建班工作 (4) 学院联合企业进行面试筛选工作 (5) 录取后的后续工作	与校内实训室的整合与统一,实现校内实训室即校内实训工作基地 1. 校企联合成立招生招工工作组 2. 实行先招生后招工的原则 3. 签订劳动合同 4. 四是依据校企《现代学徒制联合培养协议》及学徒与企业的《劳动合同》,企业明确了学徒与企业工作岗位及劳动报酬,学校为学徒购买保险
师资队伍建设	1. 多项厅级以上科研项目获批,多项专利获批 2. 中青年骨干教师开展项目技术研究和技术推广,项目技术成果应用于实际工程项目一项 3. 骨干教师以实际项目为依托,解决部分贫困山区吃水问题,能力得以提升 4. 成立人才培训中心,以技术"精准扶贫"	1. 制定校企双导师管理制度,构建现代学徒制双导师教学团队 2. 双向挂职锻炼,提升双导师教学水平 3. 联合开展专业建设、技术研发,提升"双导师"能力水平	1. 建立起校企双方共同参与的师资队伍领导和教学团队 2. 加大学校和企业之间人员互聘 3. 联合开展专业建设、技术研发,横向联合技术共用,双向挂职锻炼,提升"双师"能力建设的力度

续表 4 - 3

专业（群） 工作内容	水利类专业（群）	建筑类专业（群）	经管类专业（群）
制度保障		（一）配套政策 1. 政府政策 国家教育部、自治区教育厅均出台一系列为发展现代职业教育的规划及工作要点 2. 学校政策 实行项目化管理，出台《广西水利电力职业技术学院现代学徒制试点工作管理规定》《广西水利电力职业技术学院现代学徒制试点工作专项资金管理办法》 （二）组织保障 1. 组织保障 为保障职业教育现代学徒制试点工作的顺利推进，成立现代学徒制工作小组，以加强对试点工作的管理和有效实施。 2. 制度保障 根据现代学徒制试点工作需要，出台现代学徒制管理办法、现代学徒制学籍管理办法、现代学徒制师资建设与管理办法、基于现代学徒制试点人才培养实践基地建设和管理办法、现代学徒制学业评定改革办法、现代学徒制教学运行与质量监控评价办法等相关文件。 3. 经费保障 （1）试点工作资金构成 （2）试点工作资金使用	1. 校企联合制定了较为完善的、与现代学徒制特点相适应的教学管理制度。校企合作出台了《现代学徒制试点实施管理办法》 2. 规范教学设计、课堂管理以及学徒的日常行为。完善了《现代学徒制日常教学管理办法》《现代学徒制分制管理办法》 3. 制定学徒管理办法，保障学徒合法权益。学院完善了《学生（学徒）管理办法》等管理制度 4. 与企业签订的《现代学徒制校企合作协议书》《现代学徒制三方协议书》

以广西水利电力职业技术学院水利类、土建类、工商管理类等专业的现代学徒制的实践经验来看，现代学徒制的成功与否取决于取得的成效，现代学徒制的健康发展在于从制度上保障，在于招生招工上的创新，在于人才培养模式创新，在于实训基地共建共用，在于专业教学资源的更新，在于教师能力提升等，这似乎为推广至其他专业（群）现代学徒制的发展提供了一个可行性路径，打上了"中国特色"的标签。广西水利电力职业技术学院现代学徒制的成功，主要体现在以下几个方面。

一、体系融合：一体化、双轨制

广西水利电力职业技术学院现代学徒倾向于实施一体化模式，校企双方共同研讨彼此的职责与分工，进行工作任务和教学内容对接，共同制订专业群人才培养方案和考核评价标准，共同根据工作任务和人才需求开发课程、教材，共同实施分段教学，共同落实分段考核评价，共同开展教学实践研究。学生在学校学习期间，以教师为主，师傅为辅；在企业实训期间，以师傅为主，教师为辅。

二、场所：校中企、企中校

"校中企"与"企中校"是体现的是校企双元在学徒培养中的场景模式问题，对这两个问题的理解取决于如何界定在岗培养。在岗培养未必一定在企业完成，只要工作任务是来于实践、企业师傅能悉心指导、工作标准与职业标准一致，在岗培养在什么场所进行，只要考虑哪里更有利于教学即可。"校中企"或"企业课堂"对企业的管理及投入有更高要求，但其在教学方面的优势也是显而易见的。

"校中企"与"企中校"可以组合运用。既有"校中企（车间进校）"也有"企中校（企业课堂）"，"校中企"侧重专业基础能力，"企中校"侧重专业应用能力与就业能力。

三、就业：定向、非定向

《中华人民共和国教育法》赋予学生就业平等权。但在实际工作中，学徒留置在企业率较低。其中的原因往往是因为校企双方在现代学徒制项目设计与运行方面存在不足，说明企业缺少吸引力。不可否认的是，学生就业不定向会让校企合作的未来具有更高的不确定性，降低校企双方深度合作的意愿。如何将"非定向"转化为"定向"最直接的办法是以协议的形式明确学徒毕业后的选择，譬如在学徒与企业的劳动合同中明确，如果学徒毕业后同意留在企业，企业会给予相应的保障。从广西水利电力职业技术学院学院与企业签订的一系列的保障学徒权益的文件来看，定向培养与非定向培养的界限也就不大了，学徒制的成功是必然的。

四、参与方：二元、三元、多元

"二元"就是学校和企业的直接合作，"三元"就是在学校和企业之外增加了第三方，这个第三方可能是协会、学会、教育服务公司、地方政府等。校企直接对接效率固然高，但因为双方信息不对称或者需求不能完全匹配，合作的风险也比较高；对于小微企业而言，因为企业培训体系不健全、用人规模不大、发展不稳定等因素，职业学校一般不愿意与其直接合作；现代学徒制人才培养模式的复制与推广单靠学校或企业也是一个难题。上述情况为第三方或是多方的参与提供了空间。

行业协会作为协调企业和学校的中间人、"过滤器"与"蓄水池"，在现代学徒制发展中的作用越来越突出。就以广西水利电力职业技术学院建筑类专业群来讲，开创了"一项宗旨，一种理念；双重身份，德技并修；三师共育，三场交替；四方评价，四位一体"的"双1234"的现代学徒制人才培养模式，校行企及职业经理人也参与进人才的培养中，为现代学徒制的发展由单纯的双元转变为多元协同，显著提升了人才培养的质量。

第五章 现代学徒制理论在民族教育中的应用

我国是少数民族聚居地，"边""穷"是共有的特点，大部分都因为地处偏远、地势险峻、交通不便等原因局限其经济发展，使得教育资源短缺。

我们把对汉族以外的其他 55 个少数民族实施的教育称为少数民族教育，简称民族教育。通识性认为，在民族自治地方的教育都是民族教育，培养出来的人才都是（少数）民族人才。

第一节 民族地区职业教育与民族文化传承的教育反思

1984 年 5 月 3 日，由中华人民共和国第六届全国人民代表大会第二次会议中通过的《中华人民共和国民族区域自治法》对民族教育做出了法律规定，其中第三十七条要求"扫除文盲，举办各类学校，普及九年义务教育，采取多种形式发展普通高级中等教育和中等职业技术教育，根据条件和需要发展高等教育，培养各少数民族专业人才"。

民族教育是国民教育的重要组成部分。民族教育不仅要充分认识到少数民族也有平等受教育的权力，更要重视民族教育水平在民族地区经济发展中的重要作用。民族教育的办学宗旨，首先为满足本地区基本的教育需求和人才培养层次要求，放大其社会服务的面向和功能，推动民族地区经济建设和民族地区高等教育大众化的进程。

1992 年 4 月 8 日国家教委印发《关于加强少数民族与民族地区职业技术教育工作的意见》的通知，通知中反复提到"少数民族与民族地区的职业技术教育"这一概念，将民族地区职业教育涵盖为惠及少数民族人群的教育，以下简称民族地区职业教育。

一、民族教育与职业教育的关系

民族地区职业教育属于"民族教育"与"职业教育"的交叉研究领域，少有民族教育或职业教育学科研究者和实践者对其过多的关注，研究基础相对比较薄弱。

周永平在博士论文《民族地区职业教育补偿的转型研究》中从教育学层面提出研究"需求导向过程系统化"发展型补偿体系；贺新宇在博士论文《多元文化视域下的民族地区和谐教育研究》中谈国内外中华民族多元一体和谐教育理念的研究；蔡付容在硕士论文《我国民族职业教育法律保障研究》，从法律的语境谈民族教育的法律保障实践。

陈琪瑶在硕士论文《文化共生视域下四川藏区旅游职业教育发展研究》中提出从六个发展方面实现职教与普教的共生；产业与职教的共生；发展与维稳的共生；职教形式的共生；藏汉区的共生；院校教育与社会培训的共生。李子华在论文《中国少数民族地区教育改革与创新典型案例研究——青海省果洛州吉美坚赞创新教育实践的经验和启示》中，以青海省教育界的"神话"人物吉美坚赞的职业教育案例，分析、探索民族地区深化"教育领域综合改革的模式。厦光祥在硕士论文《民族地区职业教育民族文化传承与创新：理念、机制与路径——基于广西壮族自治区的个案研究》从政策机制、专业设置、课程开发、师资建设、实习实训维度谈了广西民族教育与创新民族文化困境探索。

纵观以上内容，可以看出民族地区职业教育相关研究内容主要包括以下三点：一是在民族教育或大环境中涉及少数民族职业教育；二是以民族技艺传承为基点，职业教育作为其研究部分之一；三是近年来才出现的针对某一少数民族或某一区域的部分少数民族作为职业教育的研究对象。从研究队伍的构成看，民族学、人类学、教育学等多个学科的研究者都参与其中。

本研究团队认为，这两个教育体系之间不分先后，不分主次，两者之间的辨证关系不是包容与被包容在关系，而应是融合关系（蒸蛋式）关系。民族教育是职业教育的精神体现和意识引领，职业教育是民族教育的一种教学形式和实现方式，剥离民族教育的职业教育会丢失灵魂，缺少职业教育的民族教育体系不完整。

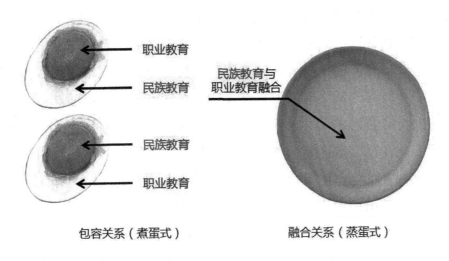

职业教育

民族教育

民族教育

职业教育

民族教育与
职业教育融合

包容关系（煮蛋式）　　　　　　　融合关系（蒸蛋式）

图 5 - 1　民族教育与职业教育理念

当前我国国情决定了民族高等职业教育的综合实力和核心竞争力仍处于相对弱势地位，不需要急于攀比高水平综合性大学，以缩小差距。回归各高校的传统学科优势，锁定民族地区的服务方向，挖掘特色，建设特色，发展特色，是一种明智的长远之举。

把握民族性是民族教育特别是民族地区职业教育的办学特色所在。民族教育的最终目的是为少数民族地区输出人才，提升经济实力，所以从教学顶层设计上看，既要保证国民教育质量，又要彰显其民族性、地域性和动态性。理解好、把握好民族高等教育"历史性、相对性、发展性和层次性的内涵，处理好特色办学与价值目标、特色办学与创新、特色与教学质量、特色办学与师生发展之间的几对关系"。只有把质量和特色紧密地结合起来，才能形成民族教育人才培养的良性互动，地方民族教育院校才能始终保持旺盛的生命力。

二、民族地区职业教育发展的困境

客观现状下，民族地区职业教育困境有以下几个方面：经费投入不足，办学条件差，基础设施落后，教育资源陈旧，师资力量薄弱，生源大量外流。以上都反映出民族地区职业教育在服务地区经济方面存在问题，这些客观障碍和困难已经成为理论与实践领域研究的方向。

多年来，影响民族地区职业教育发展隐忧主要有两个方面。一方面，国家性投入与供给不对等。虽然国家己从政策性倾斜、资金性投入、体制上改革等一系列方式补给民族地区，帮助发展民族地区职业教育，但是经过2~3年的职业教育培养、输出的人才，又流动到长三角、珠三角等地区，使民族地区高等职业教育的最终成果为东部发达地区储备力量，东部发达地区成为民族优惠政策和资源的最终受益者。另一方面，民族地区教育特色无法凸显。主要表现在民族地区职业教育盲目追赶教育先进地区的模式、体制、机制，并在这种普及化、规模化、现代化的教育较量中忘记了本民族的特色、区域性的生产知识和生产方式，未来得及"消化"就已"淘汰"。

由于以上的发展困境和原因，民族地区职业教育应走向质量与特色相结合的发展路径，才能更好的借助国家、政府的力度不断强大才，这是摆脱困境的关键。

（一）正确看待民族地区"差异"

民族地区在独特的自然风貌、人文历史下孕育出民族文化，这些文化承载了千年民族的智慧结晶。民族地区职业教育不可摈弃自身的民族文化，并义务为民族文化传承提供助力。这种正视差异性、发展特色化的思路，是对身边习以为常的非物质文化遗产进行正确把握、梳理概括，通过地方性技能和先进意识的融入，形成不可重复、不可替代的特色优势。

（二）正确把握民族地区职业教育与文化传承的辨证关系

《教育法》第一章总则第七条明确规定："教育应当继承和弘扬中华民族优秀的历史文化传统，吸收人类文明发展的一切优秀成果"。民族文化是教育的源泉，教育是民族文化得以保留和传承的重要途径，借教育的力量实现民族文化传承。

三、民族文化传承的教育反思

"文化"在联合国教科文组织有关文化多样性的公告中，文化被定义为"一个社会或群体表现在精神、物质、智力及情感等方面特征的总和，也包括艺术、文学、生活方式、群居方式、价值体系、传统及信仰"。

"民族文化"是一个民族在其历史发展过程中共同创造并赖以生存的一切文明成果的总和，包括知识、信仰、艺术、道德、法规、习俗乃至各种习惯，它既是既往的民族感情和民族意识的积淀，又是当下该民族的时代精神和价值取向的凝结。

本研究所论及的"民族文化"采用传统的、狭义的表述，主要指我国的"少数民族传统文化"，是相对于汉族文化的主体性文化，指少数民族在长期的传统生产生活历程中创造的具有民族特色的物质、精神、制度成果以及以此为基础的生产生活方式和习俗。

汉语中的"传"，泛指传递、传输、推广、宣教。"承"，泛指承爱、蒙受、继承。"传承"指对某某学问、技艺、教义等，在师徒间的传授和继承的过程。一般用来传承的都是有价值、有意义、对人类发展有广大影响的知识、技能、美德、经验进行传授和继承并发扬发展的过程。

民族文化传承模式主要有：家传世学模式、古代学徒制、学堂灌输式、组织分配制、个人办班式、自学成才式。以上几种陈旧的传承模式也代表了传统学徒制的缺失，主要体现在：第一，传承模式来自于约定俗成，或是乡友、同行见证，无法律法规的约束；第二，传承体制的局限性，并对生产技术过度保密，使得在"传男不传女"的说法下，传承文化出现断代断层困境；第三，工艺人思想保守，排斥新思想、新技术的交流，使得民族文化衍生产品脱离生活，缺乏生产实用性；第四，国家缺乏对工艺人的技术保护，出现"人亡技绝"的现象；第五，民族文化产品在现代生产力的冲击下，缺乏竞争力，使得工艺人缺少资金支持；第六，学徒学习成本高，学徒花费多年时间为师傅打杂，辅助生产，接触核心技艺时间较短、较少；第七，民族文化产品生产过程缺乏科学生产流程，使得每一个产品花费时间成本过大，资源浪费程度高；第八，传统师徒模式，带徒规模小，辐射面窄。

教育一方面受到文化的影响，另一方面它又是发展文化，创造文化的最重要的手段。教育总是根据时代的要求，社会的需要来对文化加以选择和改造。因此，"教育是文化传承的主要形式，是文化创新的首要基础"，"文化是教育活动的基本内容"。

（一）民族文化传承与职业教育的关系

民族文化传承，不是照搬、照抄的复制、沿袭，而应跟进时代的发展、与时俱进的剔除糟粕，取其精华。民族文化传承从字面意义上和教学教育不可分割，教育作为人类文化特别是民族文化传承的重要途径，相促相长。

2004 年教育部《关于深化以就业为导向的高等职业教育改革的若干意

见》中指出：高等职业院校应坚持以培养生产、建设、管理、服务一线所需的应用型、技能型人才为目标，以培养"国家示范性高等职业院校建设计划"为抓手，进一步推进"国家示范性高等职业院校建设计划"的实施，发挥其在培养"高素质高级技能型专门人才"中的重要作用。

2013年5月，教育部、文化部、国家民委颁布了《关于推进职业院校民族文化传承与创新工作的意见》。《意见》对职业院校民族文化传承与创新工作进行了部署，要求做大做强民族文化及其相关产业。各职业院校要"有效推进职业院校民族文化传承与创新工作，推动民族文化融入学校教育全过程；推动民间传统手工艺传承模式改革；服务相关民族产业转型升级与发展；加强非物质文化遗产传承人才培养"。"建设具有显著优势和鲜明特色、能够发挥示范带头作用的民族文化传承与创新示范专业点"，"鼓励民间艺人、技艺大师、非物质文化遗产传承人参与职业教育教学"。

职业教育注重传授某种职业或生产劳动所需要的职业知识、技能和应具备的职业道德、规范和准则，这与民族文化传承不谋而合，也体现了由职业教育来传承民族文化的必然。

1. 民族文化传承与职业教育是互为依存、相伴而生。

职业教育是培养技能型人才的一种社会文化活动，是承载社会文化、生活经验、生产技术的基本途径，并依据时代需求、国家战略、主流思潮等方面调整培养方向。民族文化传承脱离职业教育，将再次走回传统师徒制的老路，面临干涸、凋零的困境。

2. 职业教育与民族文化传承的重要途径和手段

民族地区职业教育以体现民族文化传承为"办优、办特"的突破口，继承和弘扬中华民族优秀传统文化是职业教育的一项重要任务，传承民族文化是职业教育的特色所在。民族文化通过职业教育影响受教育者的同时，也是自我完善和实现自身价值的过程，并通过职业教育的内化延伸出新的文化。

3. 职业教育对民族文化传承起着促进作用

职业教育对民族文化纵向传递方面起着积极的促进作手，推动着民族文化各项工艺技术、文化遗存的传承。

这主要体现在职业教育的培养的学生是民族文化承载的主体，通过民族文化的传承能增强学生内心的民族文化认同感，增强民族自信。学生作为职业教育的传播者，在整个职业生涯过程中凝聚、融入、沉淀、创新民族文化，使民族文化内核得以保存和辐射。教师作为职业教育的组织者，在教学活动中通过不同形式的传授方式，利用现代先进的信息技术，开展生动活泼的课堂形式的同时，让更多的年轻学生、师长喜爱民族文化，经营民族文化产业。

（二）现代学徒制传承民族文化的可行性

2012年6月14日《国家教育事业发展第十二个五年规划》指出，"重点支持一批以保护传承民族文化艺术、民间工艺特别是非物质文化遗产为特色的职业院校和特色专业。"《现代职业教育体系建设规划（2014—2020年)》提出，将民族特色产品、工艺文化纳入现代职业教育体系，将民族文化融入学校教育全过程，着力推动民间传统手工艺传承模式改革，逐步形成民族工艺职业院校传承创新的现代机制。2014年教育部提出一种"在进一步完善校企合作育人机制"下，"深化产教融合、校企合作"，培养"创新技术技能人才"的培养模式，中国特色现代学徒制应运而生，民族文化传承从"家传世学"、官营手工技艺传承、劝课农桑走向中国特色现代学徒制的新时期。

中国特色现代学徒制实现了传统学徒培训与现代学校教育的有机结合，继承了传统学徒制师傅带徒弟的鲜明特征，同时又具有现代学校教育的优势。学习者不仅要学习传统手工技艺，更重要的是学习师傅精益求精、严谨专注的工艺精神与坚持不懈、敬业乐业的职业态度，理解传统手工技艺所蕴含的文化精髓。

1. 中国特色现代学徒制使民族文化传承实现教育规范化

在中国手工业生产中，父传子与师带徒是传承民族文化的主要模式。工艺技术是非物质文化传承人赖以生存的独门本领，技艺精髓绝不轻易外传，有"传内不传外，传男不传女，传媳不传女"、"授人以规矩，而不授人以技巧"的民俗。使得宝贵的许多民族文化传承闭关自守而缺乏创新，甚至造成某些技艺失传。

民族地区职业教育推广中国特色现代学徒制模式，牢固树立"知识共享"和"技艺共享"的观念，并努力发扬民族文化的精髓。依托"非遗大师工作室"将民族文化引入实例教学中，将原有的"口传身教"的教学模式，改造在有"标准"可寻，有"规范"可依，有"教材"可读的育人生产线。此外，中国特色现代学徒制作为学校与企业深度合作的典型人才培养模式，由学校专业教师系统传授传统手工艺技术的理论知识，为学生打下坚实的理论基础，同时能够解决传统手工技艺传承范围过窄的问题。

2. 中国特色现代学徒制使民族文化传承活态化

改革开放以来，随着我国经济的快速发展和国际交流的密切，传统的生活方式发生了改变，人们的价值观念受到外来文化的冲击，发生了很大变化。许多年轻人认为民族文化艺术品的经济回报率低，学技苦、用时长而且实用性不强，不愿意去学习民族文化艺术品，更不用说担负起民族文化技艺传承的责任。其次，对传统民族工艺品"过时、土气"造型排斥，间接引起了传统手工艺的需求量大幅减少，传统手工艺所赖以生存的文化土壤受到极大破坏。

中国特色现代学徒制作为学校与企业深度合作的典型人才培养模式，是校、行、企、社四方共同打造的育人平台。学生在学校进行系统的理论知识学习后进入企业岗位实践，在实际操作中将理论与实际相结合，能够深入了解当前民族文化的市场需求，使民族文化传承技艺更贴近市场，促进民族文化技艺与现代需求相结合，同时也能满足新时代保护和传承民族文化技艺之所需，促进传统手工技艺的创新和发展，保证传统手工技艺活态化、特色化发展。

校企深度合作，提倡理论与实践相合、知识与能力相对应、教学场所与实际工作情境相融合，提高学徒专业技能及全面素质，优化民族文化传承学徒能力的同时也深入职业民族地区职业教育落实"三教"改革。

学徒在学校和企业之间轮岗培训，将所学、所想在实际工作中得以实践、运用，便有利于提高民族工艺技术的创新。在企业工作直接面向生产一线、市场需求，生产研发的产品、技术更贴近市场，仲进民族工艺技术与现代需求相结合。

3. 中国特色现代学徒制使民族文化高效孵化

目前传统手工艺者趋于"老龄化"，出现断层现象。据闽南永春的一项调查显示，"漆篮"工艺的从业者共有 128 人，年龄大部分在 40 岁以上，且很多处在高龄阶段，40 岁以下的只有 6 人，而 30 岁以下的人数为零。在木艺界，流行这么一句话：三年学徒，五年半足，七年才能成师傅。

中国特色现代学徒制是职业教育的一种新型模式，"招生即招工，入校即入企"的办学特色下，跳出了传统师徒制"传男不传女，传内不传外"的习惯，可实现"一对多"的高效孵化。

面对民族文化断代枯竭的困境，学徒在企业所以学徒在"校企三方协议"的保护下，以传承人的身份"拜师"学艺，并在社会不同岗位上为生产力提供助力，提高了民族文化传承的有效性，扩大的民族文化传承的影响力、辐射面。

4. 中国特色现代学徒制引导正确的价值观和职业精神

民族文化不仅传承精湛的技艺，更需要坚守手艺人的"工匠精神"和职业操守。中国特色现代学徒制利用"学生＋学徒"的双重身份，在学校学习专业知识的同时，又在企业上与具有多年岗位经验的师傅、工艺大师学习技艺，更重要的是学习师傅们精益求精、严谨专注、寸秒必争的工艺精神与坚持不懈、敬业乐业、"一份工作一辈子"的职业信仰，并融入到内化自身的职业规划中。

学徒体会、理解传统手工技艺所蕴含的文化精髓，这也充分体现了中国特色现代学徒制传承的中华文化的时代担当。

5. 中国特色现代学徒制降低了民族工艺传承的成本

企业岗位对己招工的学徒进行岗位培训，在读期间就可以熟练工作技能，避免了工艺制作材料的浪费，还缩短了学徒成为熟练工种的时间。对企业而言，降低了培训成本，提高了经济效益所得。从学校层面上，定向培养，定制化教学，降低学校的办学成本，提高企业、社会的满意度。就学徒和家长而言，在校期间就可以通过劳动获得劳动报酬，减轻的家长的经济负担，增强学生适应社会的能力，促进学生社会化。

中国特色现代学徒制是校企深度合作的结果，提倡理论与实践相合、知识与能力相对应、教学场所与实际工作情境相融合，提高学徒专业技能及全面素质，优化民族文化传承学徒能力的同时也深入职业民族地区职业教育落实"三教"改革。

学徒在学校和企业之间轮岗培训，将所学、所想在实际工作中得以实践、运用，便有利于提高民族工艺技术的创新。在企业工作直接面向生产一线、市场需求，生产研发的产品、技术更贴近市场，促进民族工艺技术与现代需求相结合。

（三）现代学徒制传承民族文化的有效途径

民族文化传承关键在于构建现代教学模式下的，具有创新能力的民族文化工艺术技术，从思维上变革、机制上重构、人才培养模式上探索三个维度进行探索实践。

1. 思维上变革

我国多样性的民族文化形成了各民族发展的差异，直接导致地方政府、群众对于职业，教育的认知观存在显著不同对于职业教育的接受程度也不同。

民族地区生活条件困苦、经济基础差，家庭中每一个成员都期盼学生通过接受高等职业教育走出大山，提高生活水平。在这种大众心理形象下，学生都会填报"高大上"的专业，在对于"技艺、技术"名称的专业，认为家长认同度不高，认为"花费了大量学费还是留在乡村"。现阶段从事民族文化传承的手工艺人，收徒人数也在下降，自身也认为"民族技艺"没有用，往往需要再找其它的工作提高收益。

涉及到以上问题，一是需要正确认识民族地区职业教育的重要性，革新社会认知观，激发"民族文化"自信，坚持"越是民族的，越是世界的"重要理念。二是依托中国现代学徒制的"就业教育"提高熟练程度和经济收入。三是改变"唯学历是从"的人才评价观，从同等工作能力的中国特色现代学徒制学生的工资待遇、直接上岗就业等优势，实力检验社会对"民族文化传承"的误解。

民族地区职业教育确定办学定位时，以"民族性"作为"办特办优"的重点，培养的技能型人才直接留在民族地区服务当地经济建设。

2. 机制上重构

从政府到学校形成一系列的政策制度，国家补充完善相关法律法规。主要围绕基础条件改善、教育结构治理、教育资源分配、教育教学改革、教师专业发展与考核、学生就业与创业等方面不断创新机制，增强民族地区职业教育的吸引力。

学校通过相关的奖励机制，联动企业、行业、校友等力量，在微观层面上，构建一个高效运行的机制，明确主体责任，对组织、管理、运行、考核、评价行规范。

3. 人才培养模式上探索

根据市场岗位分析，召开行业企业专家研讨会，明确了具有民族文化传承特色的职业面向、职业岗位、工作过程，通过讨论分析和根据相关专业岗位群要求，结合专业建设委员会专家的论证意见，确定核心能力，结合职业标准确立专业人才应具备的知识、能力、素质结构，推导出所需的基本素质与能力课程（包括公共基础必修课和公共基础选修课课）、职业能力课程（专业基础课、专业核心课和专业拓展课），将工作任务及核心能力融入教学内容，建立课程标准，开发教学资源，构建以岗位能力为核心，融入课程思政，培养学生德、智、体、美、劳全面发展的素质能力、知识能力、岗位能力。

民族文化的传承，思维方式的技术传承对实际操作技能有着较高的要求，这决定了民族文化教学的定位需着眼于培养对象技能的培养。在中国特色现代学徒制模式下，民族地区职业教育课程由学校与企业共同开发，由企业在工作岗位上对学生进行职业技能的培养。民族工艺课程目标的制定，应以企业生产需求与学生就业能力获得为主。首先进行职业分析与岗位任务分析，根据企业中民族工艺生产岗位的实际技能需求，明确培养对象应掌握的理论知识与操作技能，制定职业院校的课程目标，从以培养个体简单、重复的操作技能转向培养灵活、复杂的操作技能为主。

第二节　民族地区职业教育
民族文化传承与创新的广西实践

一、概述

中国古代以洛阳至开封为中心的黄河中下游地区为中原，中原的"汉文化"是本位，而"南蛮、北狄、西戎和东夷"四地的少数民族为"蛮夷"。为方便论证，本研究统一使用"民族文化"来描述近代意义上的少数民族文化及其他四地区的文化。

广西历史悠久，在四、五万年前旧石器时代晚期，就有"柳江人"和"麒麟山人"的劳动、生活痕迹。世居民族有汉、壮、瑶、苗、侗、仫佬、毛南、回、京、彝、水、仡佬等 12 个，此外还有满、蒙古、白、藏、黎等其他民族成分。据广西壮族自治区人民政府提供数据显示，"广西常住人口中，少数民族人口占总人口的 37.18%，少数民族人口总数在全国居第 1 位，其中壮族人口占总人口的 31.39%，壮族是中国人口最多的少数民族。"这几百万年的民族遗存共有世界非物质文化遗产 52 项，涉及民间文学、传统音乐、传统舞蹈、传统戏剧曲艺、传统体育、游艺与杂技、传统美术、传统技艺、传统医药、民俗活动。

广西壮族自治区教育厅作为全国唯一的、国家民族地区职业教育综合改革试验区，率先提出将"传统文化传承"作为现代职业教育体系的构建要求，在社会意识、教育体制上进行改革。

在全自治区共有 4 所院校被认定为"全国职业院校民族文化传承与创新示范专业点"，举办"广西民族技艺行业职业教育产教融合对话论坛暨民族文化传承创新成果展""中国—东盟职业教育联展暨论坛（服务民族文化传承）模板"等品牌活动，将具有广西特色的民族服装与服饰、民族工艺等教学成果面向越南、柬埔寨、老挝等东盟十国进行展示。

其中广西职业技术学院工业设计专业（民族技艺方向）传承具有 1300 多年历史的坭兴陶工艺，是民族地区职业教育的典型。该专业的聘请中国工艺美术大师李人帡为客座教授，建立坭兴陶技艺（李人帡）"大师工作室"。通过本校教师和民间艺人分工协作的方式，推行"项目＋工作室"的工学结合人才培养模式，通过融入企业项目、企业技术人员、企业标准、企业文化，安排学习青年教师和学生进入工作室，开展生产性实训，从事坭兴陶工艺品的设计和制造工作。同时融入广西少数民族文化元素，从事旅游艺术品开发、设计、营销的高端技能型人才。学生创作的坭兴陶作品获得了全国"金凤凰产品设计创新奖"铜奖、"全国高职高专艺术设计专业优秀毕业设计作品展"铜奖、广西工艺美术大师精品展金奖、旅游产品大赛金奖等奖项。专业带头人刘永福被评为广西高校教学名，2010 年，"民族陶艺设计与制作"课程被评为国家级精品课程。

广西艺术学校舞蹈表演专业（民族舞方向）致力于传承与繁荣广西世居民族的优秀民族舞蹈。该专业通过在全国招聘优秀大学毕业生及引进优秀舞蹈演员，鼓励教师进修和到剧团挂职等方式，2016 年，该专业选送一批老师到高层次舞蹈学校进行专业研修，不断提高舞蹈教师的职业素质和专业技能。采取"校团挂钩、订单培养"的方式，通过和广西歌舞剧院和南宁、桂林、北海等部分市级歌舞团建立实习、实训合作关系，聘请剧团专业演员到学校任教，同时学校也派出教师和学生到剧团实习演出。共开办了 24 届90 个班级，学生就业率达 90% 以上，累计向广西壮族自治区内外专业文艺团体、企事业单位和部队输送 3500 多名舞蹈表演专业人才。其中有广西歌舞剧院优秀青年舞蹈家梁岱青、中国实景演出创始人《印象刘三姐》编导梅帅元等。学生舞蹈作品获得过国家舞台艺术精品工程奖、节目《寻找太阳的母亲》荣获广西民族舞蹈表演、编导二等奖；舞剧《远山的花朵》荣获全区中等艺术学校"红铜鼓"专业比赛特等奖、优秀园丁奖。2008 年，舞蹈表演专业被评为广西壮族自治区示范性专业。

桂林市艺术学校桂剧表演专业以培养非遗桂剧表演人才，开办了国家非物质文化遗产传承班"小桂花"戏曲传承班，教学内容涵盖桂剧、文场、彩调等广西地方剧种，并在教学过程中实行"年度汇报"制度、"奖学助学"制度、"培优拔尖"活动、"校园戏剧节"等活动。

这几所典型院校的成功案例通过做法、教法革新民族地区职业教育的社会认知观，重新定位民族地区职业教育的办学方向观，改善学生的职业价值观。

二、广西侗族木构建筑营造技艺"新型承创人才"培养新模式典型案例

侗族木构建筑营造技艺，这种承袭千年的民族文化，是广西壮族自治区三江侗族自治县地方传统建筑技艺，国家级非物质文化遗产之一，是始于魏唐的干栏式建筑营造技艺。

广西水利电力职业技术学院位于广西壮族自治区的首府—南宁，依托教育部公布的第二批中国特色现代学徒制试点（民族建筑方向），在 11 年的职业教学一线，摸索出广西侗族木构建筑营造技艺"新型承创人才"人才培养新模式。

（一）搭建校行企共赢平台，建全体制机制鼓励具有民族文化传承特色的人才培养模式

创新构建了以广西水利电力职业教育集团为"一体"，校企合作与发展理事会、广西－东盟经济技术开发区理事会为"两翼"的协同育人平台，组建了"院士工作室""大师工作室"等一批广西民族建筑"新型承创人才"培养孵化基地，建立"共同决策、深度合作、协同发展"的产教融合长效机制，探索了一套基于民族文化传承与职业教育人才培养有效融合的人才培养新模式。该人才培养模式由："一项宗旨、一种理念，双重身份、德技并修，三场交替、三师共育；四方评价、四位一体"，简称"双1234"我才培养模式。

（二）少数民族人才自给式供血，以职业教育提供隐性补偿

民族地区毕业生输出前往发达地区，使得民族教育多年通过优惠政策倾斜的成果为发达地区输出人才，这些发达地区经济成为优惠政策的真正收益者。

职业教育集团在民族地区招收少数民族学生、建档立卡的贫困生，依托国家级现代学徒班，引入企业先进的生产案例、现代化教学支援，在学习东部地区技术的同时，把学徒留在民族地区就业。这种自给式循环，稳定了民族地区人才不外流。

（三）民族文化传承克隆式传播，以课程思政增强民族自信

民族地区职业教育多年来纷纷成立"非遗大师工作室"，培养非遗物质文化遗产的技艺传承，校行企联合开发特色教材，优化体制机制，提升了学生的实操技能，解决了非遗技艺找不到接班人的问题，也解决了民族地区职业教育办学无特色问题。

教学过程中，通过"非遗大师进校园""文化作品展演""MOA文化艺术节"，增强了学生技艺的同时，融入课程思政建设，厚植民族团结、民族融合理念，将技艺传承与课程思政有机融合，树立学生"爱民族、爱家乡、爱国家"的大爱情怀。

（四）民族地区经济振兴式发展，以信息化技术提升软实力

依托国家级学徒班，稳定学生就业的同时，在校园和企业中同时注重学徒思想品德、职业知识、专业技能和专业素养四项能力培养。

明确提出"产教融合、科教融合",培养具有高水平的创新型教师团队,与企业联合,共同开发课程、共建教学学资源库,共研科研专利、工法。将民族传统意义上的技能与现代化接轨,借助互联网、云计算、大数据、智能机器人、三维(3D)打印等现代技术创新、推广民族文化,融入新一轮科技革命和产业变革中。

第三节 总结与启示

中国特色现代学徒制是在中国共产党领导下,立足基本国情,聚焦民族地区的职业教育是优化教育资源配置,全面提升技术技能人才的培养能力和水平,进一步为社会主义文化强国建设提供技术技能型人才,为建成小康社会输送数以亿计的高素质技能人才。

中国特色现代学徒制是职业教育改革的新模式,也必须承担发展地区经济和文化的生力军的作用。而我国是一个多民族国家,弘扬民族文化,引导学生不断积淀人文底蕴,提高学生的民族理解与认同,促进民族团结,弘扬民族精神,是落实"立德树人"的育人目标的体现。

依托中国特色现代学徒制,发展民族地区的教育事业,强化民族地区人才、技术、支撑服务体系的建设,促进该区域内经济、社会、教育文化发展良性循环,真正实现教育公平。

以广西水利电力职业技术学校为代表的中国特色现代学徒制,一从思维上变革,改变"看不起手艺人"的陈旧观念,革新社会认知,激发"民族文化"自信;二从机制上重构,联动企业、行业、校友等力量,在微观层面上,构建一个高效运行、权责明确、管理运行得当、考核评价全面的机制;三是培养模式上探索,从供给侧角度进行"教师、教法、教材"改革,依托"非遗大师工作室""创新型教师团队",增强了学生技艺的同时,融入课程思政建设,厚植民族团结、民族融合理念,将民族文化传承克隆式传播。

多措并举的现代学徒制改革使民族文化传承实现教育规范化、民族文化传承活态化、民族文化高效孵化、引导正确的价值观和职业精神、降低了民族工艺传承的成本,并在少数民族人才自给式供血,稳定了民族地区人才不外流。

第六章
现代学徒制在"一带一路"
国家推广的可行性

"一带一路"是 2013 年 9—10 月习近平主席出访中亚和东南亚国家时首次提出的重大经济发展全球化倡议。该倡议涵盖了"丝绸之路经济带"和"21 世纪海上丝绸之路"所涉及的亚洲、欧洲、非洲等将近 60 个国家和地区，是新时期全球经济发展的新思路。"一带一路"发展战略中的合作与共建内容包括投资、贸易、金融、能源、产业、文化、环保等多领域、多维度的国际合作，设计的经济总量约为 21 万亿美元，占世界经济总量的 29%。在这一倡议的指导下，我国经济发展进入了更为全面彻底的改革开放阶段。"一带一路"经济战略建设过程中，不仅对资源、资金合作有要求，更重要的是对能够保证各项合作顺利开展的高水平技术技能人才的要求。

第一节　现代学徒制在"一带一路"国家
推广的可行性、途径和意义

一、现代学徒制在"一带一路"国家推广的可行性

学徒制由来已久，是在学校教育普及之前人类社会技术传承的主要手段。现代学徒制是教育部根据《国务院关于加快发展现代职业教育的决定》，以校企双重主体育人为根本，以"学生""学徒"双重身份为保证，以岗位成才为路径，是一种全新的深层次职业教育工学结合人才培养形式。

在国外，现代学徒制人才培养模式在许多发达国家得到广泛推广，德国的"双元制"是世界公认的工学结合的典范，瑞士甚至实行"三元制"，丹麦实行工学交替，英国知名企业的学徒制大受欢迎，澳大利亚、法国、美国等国的学徒培训也搞得有声有色，印度和南非通过立法发展学徒培训。现代学徒制是一条培养高素质技能型劳动者行之有效的途径，它有着强大的生命

152

力,对促进职业教育与就业市场的联系和增强技能供需匹配度发挥着积极作用。然而,在一些欠发达国家,现代学徒制还处于起步或相对落后的阶段,这些国家迫切需要培养一大批现代学徒,这对各国推行现代学徒制提供了有力条件。

二、现代学徒制在"一带一路"国家推广的途径

(一)现代学徒制在"一带一路"国家推广的定位

现代学徒制在"一带一路"国家推广的定位应结合国家"一带一路"战略的发展,同时也要结合地方的产业发展水平和地方职业教育特色专业。现代学徒制在"一带一路"国家推广要与中国企业"走出去"同步进行,可以依托多边合作机制,如中国—东盟"10 + 1"亚太经合组织、中亚区域经济合作等,也可以借助"一带一路"沿线区域与相关国家的论坛或博览会,如博鳌亚洲论坛、中国—东盟博览会、中国—亚欧博览会等。同时,要考虑到地方现代学徒制的试点工作情况以及职业教育的对外开放情况。产业发展的优势、优质的专业技术、跨境的中国企业以及国际化的交流平台都为现代学徒制在"一带一路"国家推广提供了有利条件。例如,广西水利电力职业技术学院结合本学院水利工程、给排水工程技术等专业对柬埔寨国家在水利技术培训、城市供水培训、留学生培养等开展现代学徒制试点工作,联合校企合作企业在"一带一路"国家推广现代学徒制初见成效。

现代学徒制在"一带一路"国家推广的定位分为三个阶段,前期的定位为培养具有基本技术技能的人才,培养特色专业人才,缓解"一带一路"建设中人才紧缺的问题。中期的定位为培养具有国际视野的高技术管理跨境人才。"一带一路"建设的长期发展,不仅需要技术技能型人才,同时还需要了解国际行业规则,特别是"一带一路"沿线国家的有关行业企业的规则以及具有国际管理的人才。最终实现双方在技术技能型人力资源培养和开发方面的合作共赢,服务于国家"一带一路"建设大局。

(二)现代学徒制在"一带一路"国家推广的形式

现代学徒制在"一带一路"国家推广的形式根据定位培养目标不同分为:初期阶段,与"一带一路"沿线国家的职业院校签订合作办学的协议,依托校际之间合作办学的形式输出现代学徒制人才培养模式的经验。具体的实施形式为招收来华留学生开设现代学徒制班级,对来华参观考察或进修的

教师进行短期培训等。发展阶段，进行多方合作，与境外中资企业、境外职业院校甚至境外行业合作，在空间上进行现代学徒制的跨境培养，不断扩大现代学徒制实施的范围，形成行业化发展趋势。加强对沿线国家的研究，建立境外现代学徒制研究中心。深化阶段，树立中国现代学徒制品牌，构建国际化的现代学徒制体系。

在具体实施过程中，企业的遴选以及师傅的聘任尤为重要，选择优质的企业以及有资历的师傅影响着现代学徒制的实施成效。中国与"一带一路"沿线国家之间现代学徒制合作单位的遴选工作应考虑合作企业的条件，包括企业规模，与沿线国家合作的项目、培养和管理学徒的模式等。建立严格的企业师傅资格选聘制度，选择企业中具有国际视野并且具有一定的指导能力的高技术技能型师傅，了解沿线国家的有关行业标准。同时，建立师傅队伍的培养与考核制度，尤其是加强师傅队伍的语言培训，进行小语种学习，加强对沿线国家法律的研究，熟悉国际经济运行规则；师傅队伍的考核标准应由中国与沿线国家的企业与职业院校共同制定，一方面对师傅的专业技术技能进行考核，另一方面对师傅的教学指导能力进行评价。

（三）加强国际化专业教学标准与认证体系建设

由于沿线国家的职业教育现状各不相同，现代学徒制在"一带一路"国家推广需要一套完整的体系标准，应建立系统的国际化专业教学标准以及中国与沿线国家的学徒认证体系。建立国际化的教学标准，有利于落实学徒培养质量，使师傅对学徒有明确的要求，根据国际化的教学标准制定培养内容。学徒不仅获得企业岗位所需的操作技能，还应具备系统的专业理论知识，能够胜任境外的企业岗位。中国与沿线国家的学徒认证体系，有利于实现中国与"一带一路"沿线国家在技术技能型人力资源培养和开发方面的合作共赢。现代学徒制在"一带一路"国家推广不仅培养本国的学徒，还要培养"一带一路"沿线国家的学徒。中国与"一带一路"沿线国家双向互动，建立学徒互认体系，保证现代学徒制在"一带一路"国家推广的良性发展。

三、现代学徒制在"一带一路"国家推广的意义

"丝绸之路经济带"和"21世纪海上丝绸之路建设"被称为"一带一

路"建设，2017 年国家发展改革委、外交部和商务部经国务院授权发布了《推动共建丝绸之路经济带和 21 世纪海上丝绸之路的愿景与行动》，规划了总的发展框架，确定了重点的合作方面。中央赋予广西在"一带一路"建设中的三大战略定位：国际通道、战略支点和重要门户。这一发展战略的实施为东盟区域职业教育的国际化发展提供了重要机遇。我国的职业教育积极在人才交流和人才培养方面助力于国家"一带一路"发展战略，2017 年教育部出台的《推进共建"一带一路"教育行动》中提到职业院校应与行业企业深化产教融合，鼓励中国优质职业教育配合行业企业走出去，培养当地急需的各类"一带一路"建设者。2017 年，《国务院办公厅关于深化产教融合的若干意见》建议推动一批中外院校和企业结对联合培养国际化应用型人才，探索有效深化产教融合校企合作的途径，助力职业教育为国家"一带一路"战略培养人才。

《中共中央关于制定国民经济和社会发展第十四个五年规划和二〇三五年远景目标的建议》将探索中国特色学徒制作为我国"十四五"国民经济和社会发展规划的重要内容提出，其重要意义远不止于职业教育人才培养层面，主要有以下三个方面。

首先，这是培养技术人才，为经济社会发展服务的重要途径。为了应对新一轮的科技革命和产业变革的深入发展，国家显然需要着重于实体经济，加快现代工业体系的发展，通过实现更全面，更全面的发展来扩大中等收入群体。更高质量的就业机会，释放内需的潜力，并促进新的发展模式的形成。无论是发展服务业，还是稳定就业，以增加收入和保障民生，职业教育都必须充分发挥人力资源开发的作用，提高技术人才的供应水平，探索具有中国特色的学徒制。

其次，这是深化产学结合，校企合作，增强职业教育类型特征的重要措施。在国家高质量教育体系建设的背景下，职业教育也进入了以质量改进，增值赋能为主要路线的高质量发展新阶段。职业教育的高质量发展需要以类型定位为逻辑起点，解决产学结合的体制和机制障碍还不够深入，校企合作不够紧密。探索具有中国特色的学徒制是解决这一问题并实现这一目标的有效措施。

再次，是弘扬工匠精神，营造崇尚工艺社交氛围的重要载体。工匠精神是民族精神和时代精神的生动体现，是支持职业教育蓬勃发展的灵魂。教育部部长陈宝生强调，"十四五"期间，职业教育应"融入"经济，"融入"生活，"融入"文化，"渗透"。以人为本，并"进入"议程，以创造全社会尊重技能和技术人才的价值观和社会风俗。探索具有中国特色的学徒制，是弘扬与时俱进的工匠精神。独特的师生关系和独特的教学方法，并促进国民对技能的尊重，对技能的社会尊重以及每个人对技能的享受。

现代学徒制是深化产教融合、校企合作的有效途径，是一种基于现代职业教育的技术技能人才培养制度。现代学徒制试点工作在2013-2017年连续被教育部列入年度工作要点。2014年，《教育部关于开展现代学徒制试点工作的意见》明确了现代学徒制试点工作的要求以及工作内涵。2015年教育部公布了首批现代学徒制试点单位，2017年教育部又进一步推动第二批试点工作，并成立了现代学徒制工作专家指导委员会，设立了专家库，促进了现代学徒制理论研究与实践探索。如何基于现代学徒制试点工作的开展，借助国家"一带一路"战略优势，使现代学徒制向"一带一路"国家推广实施，发挥现代学徒制人才培养制度的高精准优势，值得我们思考与探索。

企业是"一带一路"建设的实施主体和中坚力量。截止到2016年底，中国企业已经在"一带一路"沿线20多个国家建设了56个经贸合作区，累计投资超过185亿美元(数据来源:《"一带一路"大数据报告(2017)》)。国际化人才的培养是中国企业"走出去"的重要基础，特别是专业技术人才和高级管理人才的培养。语言、财务管理、法律教育、金融、文化产业、土木工程、旅游管理、电子商务、现代物流等十类人才是最受国内媒体和网民关注的"一带一路"人才类型。在人才交流方面，"一带一路"沿线国家成为来华留学生的主要来源地，人才交流呈现出宽领域、多层次的特点。"一带一路"战略建设中"五通"发展需要大批跨境技术技能型人才以及国际化人才队伍。从目前数据分析来看，对于人才的需求是非常紧迫的，而现代学徒制作为一种新型师徒学习方式与学校职业教育相结合的人才培养模式，在技术技能型人才培养中具有自身的优势。实施中国特色现代学徒制在"一带一路"国家推广是职业教育更好服务于"一带一路"发展战略的选择。

据商务部统计，2016年，中国-东盟全年贸易额为4522亿美元，中国继续保持为东盟第一大贸易伙伴。中国企业累计在东盟国家签订基础设施建设工程合同额2962.7亿美元，双方企业合作实施了一大批公路、铁路、电力、桥梁港口、航空等互联互通合作项目。处于经济发展中的东盟国家与中国企业合作需要大量技术技能型人才。"一带一路"战略的建设发展,需要现代学徒制人才培养制度弥补技术技能型人才的紧缺。中国高度重视职业教育的国际化发展,尤其重视与东盟国家职业教育的交流与合作。《广西壮族自治区中长期教育改革和发展规划纲要(2010—2020 年)》指出要推动职业教育主动服务区域发展,重点面向"两区一带"建设,加快产业急需的技能型人才培养。同时还出台了《广西壮族自治区教育厅推进共建"一带一路"教育行动计划》,进一步推动广西教育对外开放,拓展与沿线国家的教育交流与合作。广西未来职业教育的发展规划以及"一带一路"教育行动计划,对广西职业教育发展提出了更高的要求。在"一带一路"战略背景下,中国企业加快了"走出去"的步伐,这些企业在境外投资办厂需要大批技术技能型人才的支持。在"一带一路"沿线的东盟国家,特别是欠发达的国家地区,职业教育发展不完善,企业在当地很难招聘到合适的技术技能型人才。实施现代学徒制在"一带一路"沿线的国家的推广,有利于解决"一带一路"沿线国家的人力资源缺口问题。

第二节 现代学徒制在"一带一路"国家推广的具体实践——以广西水利电力职业技术学院东盟(柬埔寨)农业水利培训基地为例

广西水利电力职业技术学院响应国家"一带一路"的建设,依托水利行业、面向东盟国家,与广西福沃得农业技术国际合作有限公司共同建立中国—东盟柬埔寨农业促进中心广西培训基地,并在柬埔寨建立广西水利电力职业技术学院东盟(柬埔寨)农业水利培训基地。运用现代学徒制成功举办 3 期国内柬埔寨农业节水灌溉技术培训班,1 期供排水工程技术培训班,培训学员 72 名;培养 10 名留学生,举办 3 期境外柬埔寨培训班,培训学员30 名。派 18 名专业教师到柬埔寨开展农业水利技术交流,增强了教师国际交流和技术服务能力,创新了校企区域技术培训、科研合作模式。

一、校企合作共建国际合作技术培训基地,搭建服务"一带一路"平台

广西水利电力职业技术学院与广西福沃得农业技术国际合作有限公司深

度合作，成功地搭建了东盟水利农业技术合作平台，使学校的培训项目能在柬埔寨顺利开展；先后建成了中国—东盟柬埔寨农业促进中心广西培训基地、广西福沃德农业技术国际合作有限公司东盟农业合作（广西）培训基地、学院东盟水利农业技术培训基地，共建了东盟水利农业技术培训基地的培训室、跨境管控室和实训操作室及室内外节水灌溉试验实训场等。

图6-1　中柬农业促进中心
在柬埔寨挂牌

图6-2　中国-东盟柬埔寨农业促进
中心广西培训基地在学校揭牌

二、校企合作开展农业节水灌溉技术、供排水技术等培训，促进柬埔寨农业发展

通过"一师带一徒"成功举办为期三期农业节水灌溉技术培训班培训，一期供排水工程技术培训班，培训柬埔寨技术人员72人。广西水利电力职业技术学院教师赴柬埔寨进行三次境外培训，培训柬埔寨人员近百人。

图6-3　培训学员在学校东盟
培训操作室现场教学

图6-4　培训学员在企业进行
节水灌溉设备教学

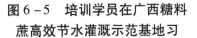

图6-5 培训学员在广西糖料
蔗高效节水灌溉示范基地习

图6-6 培训学员在八桂田园
节水灌溉技术应用

三、开展职业教育和技术交流，推进"一带一路"高职教育服务

广西水利电力职业技术学院代表团访问了柬埔寨农林渔业部下属农业工程局，柬埔寨劳动与职业培训部以及教育与职业技术培训总局，农林渔业部农业总局下属上元种子农场、磅湛省水利与气象厅等政府部门和柬埔寨理工学院，以及福沃得公司的中柬农业促进中心、中柬农业科技示范园等福沃得在柬机构和农业节水灌溉示范园区。职业教育和技术交流的座谈和交流，进一步推进学院为"一带一路"国家的职业教育和国际技术应用服务。

广西水利电力职业技术学院协同广西福沃得农业技术国际合作有限公司、南宁广发重工集团发电设备有限责任公司等多家跨国企业，为柬埔寨8个农业示范基地、15座越南水电站解决了技术难题近20项项；输出专业设计规范17项以及培训标准15个，为东盟国家水利水电建设和职教发展提供了技术和人才标准。

第三节　总结与启示

近年来在我国国家层面发布的多部政策文件中也都涉及到对现代学徒制实施的推进和规范。《教育部关于开展现代学徒制试点工作的意见》（教职成［2014］9号）"逐步建立起政府引导、行业参与、社会支持，企业和职业院校双主体育人的中国特色现代学徒制。"《现代职业教育体系建设规划（2014—2020年）》（2014）："增加非全日制职业教育在职业教育中的比重，发展工学交替、双元制、学徒制、半工半读、远程教育等各种灵活学习方式的职业教育。"我国的现代学徒制人才培养模式是基于"中国制造2025"提出来，且符合制造业大国对应用技术人才的需求。

党的十九届五中全会通过的《中共中央关于制定国民经济和社会发展第十四个五年规划和二〇三五年远景目标的建议》，从"加大人力资本投入，增强职业技术教育适应性"的政策视角，提出要"探索中国特色学徒制，大力培养技术技能人才"。现代学徒制有利于促进行业、企业参与职业教育人才培养全过程，提高人才培养质量和针对性。贯彻落实好这一重要部署，就要着重把握其重要意义，理解其核心要义，为职业技术教育的发展找准关键路径。

受到国家政策的引领，政府高度重视职业教育，各职业院校纷纷投入了现代学徒制的研究与实践当中，取得了较大的成果，值得在一带一路国家进行推广。

现代学徒制是校企合作育人的一种模式，就学即就业。现代学徒制在培养方式上最主要的特点就是与企业发展有非常高的切合点，可以说是无缝对接地培养企业所需人才。现代学徒制服务"一带一路"战略，耦合行业需求：缩短人才培养周期，缓解技能人才短缺问题；推动职业教育与产业发展，创新人才培养思路；传递职业精神，达到民心相通等重要作用。

第一，缩短人才培养周期，缓解技能人才短缺问题。现代学徒制培养人才的周期短，缩短了从学生转变成职业人的周期。许多中资企业纷纷表示服务"一带一路"战略的人才不足，缺少高素质的职业技术技能人才。现代学徒制下培养的人才，一部分时间在学校进行学习，一部分时间直接进入企业。通过"师傅"指导教学，熟知企业的岗位要求，最终达到顶岗工作的要求。"一带一路"建设更加需要懂得沿线国家技术标准的人才，现代学徒制的实施依托"一带一路"的背景，学生可以选择在境内与境外两个学习场所学习，这样培养出的学生能够更快投身到"一带一路"的建设中。

第二，服务"一带一路"战略，耦合行业需求。现代学徒制的人才培养模式是校企共同制定，人才培养的标准与企业要求相吻合，按需设计专业，按需培养人才。在学校学习理论知识，然后到企业跟"师傅"进行实训操作。可以结合地区产业优势，通过现代学徒制培养服务国家"一带一路"战略的人才。

第三，推动职业教育与产业发展，创新人才培养思路。现代学徒制将职业学校与企业紧密结合在职业学校培养的人才支持。"一带一路"战略下，许多中国企业走出国门，职业教育也应伴随中国企业走出去，使职业教育服务于中国企业在境外更好地发展。现代学徒制同时也是产教紧密结合的一种途径，企业生产、学校教学，甚至校企共同研究相互融合。中国企业在境外的发展前期需要大量的技术技能型人才，但同时也需要项目管理人才、项目科研人才等。这就给职业教育提出了更高的要求，不仅要将产教相结合，更要做到产教研相结合。

第四，传递职业精神，达到民心相通。现代学徒制区别于其他育人模式的特点就是将默会知识言传身教地传递给学生（学徒）。具有中国特色的现代学徒制将职业技能和职业精神有效地结合，并作为载体传递给学生（学徒）。跨境实施中国特色的现代学徒制有利于职业精神以及大国"工匠精神"的传递和交流，同时也将企业文化精神融合到现代学徒制的实施过程中民心相通是"一带一路"建设的社会根基，跨境实施现代学徒制，与沿线国家进行人才培养合作以及职业精神的传递交流，加强民心相通。

 # 参考文献

[1] 费珏琼. 日本现代学徒制的研究及对我国职业教育的启示 [J]. 时代农机, 2018, 45 (12): 71 – 72.

[2] 关晶. 西方学徒制研究 [D]. 华东师范大学, 2010.

[3] 阎晖霞. 国外现代学徒制发展及对我国职业教育改革的启示 [J]. 中国市场, 2016 (14): 137 – 139.

[4] 张海波. 现代学徒制中师徒关系的历史演变与发展方向 [J]. 智库时代, 2019 (34): 204 + 216.

[5] 齐红阳. 澳大利亚新学徒制及其对我国学徒制改革的启示 [J]. 辽宁省交通高等专科学校学报, 2019, 21 (02): 67 – 71.

[6] 关晶. 现代学徒制何种模式适合我国? [N]. 中国教育报, 2014 – 10 – 13 (006).

[7] 孔祥平. 美国注册学徒制对我国现代学徒制试点的启示 [J]. 荆楚理工学院学报, 2016, 31 (05): 37 – 40.

[8] 滕勇. 西方发达国家现代学徒制的发展与特征 [J]. 杨凌职业技术学院学报, 2016, 15 (02): 1 – 4.

[9] 郭枔妤. 德国现代学徒制改革新动向 [J]. 北京工业职业技术学院学报, 2020, 19 (03): 47 – 51.

[10] 冯俊丽. 澳、英现代学徒制比较研究 [D]. 广东技术师范大学, 2019.

[11] 彭振宇. 英、德、日三国高职通识教育研究及其对我国的启示 [J]. 职教论坛, 2012 (10): 87 – 91.

[12] 沈小碚, 雷成良. 现代学徒制的探源、践行及其审思 [J]. 职教论坛, 2016 (01): 32 – 36.

[13] 教育部办公厅关于全面推进现代学徒制工作的通知 [J]. 中华人

民共和国教育部公报，2019（06）：58 – 59.

［14］贺丹. 中外职业教育比较研究［J］. 教育教学论坛，2013（30）：215 – 217.

［15］薛胜男. 现代学徒制的西方经验与中国现实［J］. 教育与职业，2014（24）：9 – 11.

［16］蔡晨晨，杨文领. 建筑类高职院校现代学徒制人才培养路径研究——以浙江建设职业技术学院为例［J］. 教育教学论坛，2020（51）：367 – 370.

［17］吴彤. 现代学徒制理念在成人高等教育人才培养模式探索中的应用——以清远职业技术学院与清远先导材料有限公司合作培养为例［J］. 清远职业技术学院学报，2020，13（04）：15 – 18.

［18］杨敏，陈秀虎，李小红. 高职院校现代学徒制企业教学点建设的实践探索——以清远职业技术学院为例［J］. 清远职业技术学院学报，2019，12（06）：6 – 10.

［19］贾健辉，刘玉兵，陈秀丽，王延斌，刘旭霞. 现代学徒制课程体系建设探索与实践——以黑龙江农业经济职业学院食品加工技术专业为例［J］. 现代职业教育，2019（14）：136 – 137.

［20］刘居超，崔健，王其梅. 校企融合模式下现代学徒制师资队伍建设研究——以黑龙江旅游职业技术学院中西面点工艺专业为例［J］. 国际公关，2019（03）：115 – 116.

［21］于雪梅. "产教融合、工学一体、校内顶岗"的动漫制作技术专业现代学徒制人才培养模式探索与实践——以黑龙江职业学院动漫制作技术专业产教融合项目为例［J］. 黑龙江科学，2019，10（03）：70 – 71.

［22］刘居超，吴非，刘训龙. 高职中西面点工艺专业现代学徒制的探索与研究——以黑龙江旅游职业技术学院省级首批现代学徒制试点研究为例［J］. 职业技术，2018，17（12）：33 – 36.

［23］宋立，梁师俊. 建设类高职院校"1 + 1 + X"现代学徒制共同体模式探索与实践——以浙江建设职业技术学院为例［J］. 中国职业技术教育，2018（25）：62 – 65.

［24］欧阳俊. 基于"双轨四段式"的中职电子商务专业校企合作学徒制模式探析——以广东省佛山市陈村职业技术学校为例［J］. 现代职业教

育，2018（10）：193.

[25] 郦丽华. 现代学徒制模式下的课程思政建设——以浙江育英职业技术学院智才班为例［J］. 佳木斯职业学院学报，2018（02）：24.

[26] 程宇. 清远职业技术学院现代学徒制人才培养实践［J］. 职业技术教育，2015，36（11）：1.

[27] 车明朝. 企业视角下的清远职院现代学徒制试点实践［J］. 中国职业技术教育，2013（10）：44－46.

[28] 李海东，黄文伟. 广东特色现代学徒制探索与实践——以佛山市三水区为例［J］. 广东教育：职教，2015（6）：12－15.

[29] 王晓俊. 深圳中职学校推行"现代学徒制"的改革设想［J］. 广东教育：职教，2015（8）：112－113.

[30] 屈波. 实践"现代学徒制"植根企业育人才——以物流管理专业现代学徒制实践为例［J］. 商情，2019，000（025）：27.

[31] 杜静静，李宁. 从现代学徒制看企业新进员工的管理［J］. 现代企业文化，2015（2）：78－78.

[32] 吴锦秀，刘家枢. 沈阳职业技术学院现代学徒制的实践探索［J］. 职业教育研究，2019（6）.

[33] 肖学华. 基于现代学徒制的校企合作模式探索与实践［J］. 职教通讯，2017，000（008）：38－41. 陈楚伦. 地方性知识视阈下民族职业教育发展研究［D］. 南京. 南京邮电大学. 2019，4：23.

[34] 钟海青，雷湘竹. 民族高等院校特色办学之探讨［J］. 民族高等教育研究. 2017，（1）.

[35] 江静. 湖北民族地区职业教育发展探索［J］. 西部素质教育，2017（1）：105－107.

[36] 滕星. "多元文化整合教育"与基础教育课程改革［J］. 中国教育学刊，2010（1）：51－52.

[37] 吴晓蓉. 中国教育人类学研究述评［J］. 民族研究，2010（2）：89－99.

[38] 媛媛. 中国特色现代学徒制传承民族工艺的研究［D］. 南宁. 广西师范大学，2016：16－18.

［39］郭大新．办好民族教育传承民族文化［J］．教育，2007，（3）．

［40］杨叔子．民族文化教育自主创新道路［J］．中国高教研究，2006，（10）：5.

［41］南文渊．民族文化与民族教育［J］．青海民族学院学报（社会科学版），1994，（4）：92.

［42］路宝利．中国古代职业教育史［M］．北京：经济科学出版社，2011：2.

［43］夏光祥．民族地区职业教育民族文化传承与创新理念机制与路径［D］．南宁．广西师范大学，2017：16－18.

［44］唐瑗彬，贺文文．"一带一路"背景下广西地区现代学徒制跨境实施的探索［J］．职业教育研究，2019，184（04）：24－28.

［45］张朝伟．高职制造类专业开展现代学徒制必要性与可行性分析［J］．环球市场，2017，000（034）：P.184－184.

［46］王玉军，季澜洋，梁权，等．高职粮食专业"双主体"育人的现代学徒制培养模式的探索［J］．高教学刊，2019，000（007）：157－159.

［47］付卫东,林婕."中国制造2025"与职业教育发展战略[J].职教论坛,2016,000(009):9－16.

［48］谢超．职业教育应用型创新人才培养研究［J］．中国医学教育技术，2016，030（002）：153－155.

［49］郑祖军，阮银兰．企业在现代学徒制教育中发挥育人主体作用的思考［J］．教育界：高等教育研究，2015，000（006）：144－145.

［50］侯晓苏．广西新建公办本科院校转型发展政府引导机制研究［D］．广西大学，2018.

［51］《广东特色现代学徒制实践探索与未来趋向》．赵鹏飞，李海东等．中国职业技术教育．2019（20）.

［52］李明炅．现代学徒制在家具设计专业中的实践与探索——以广西建设职业技术学院为例［J］．职业技术教育，2018，39（14）：26－29.

［53］李明灵．基于"协同创新，产学结合"工匠人才培养体系的家具专业现代学徒制试点研究与实践［J］．创新创业理论研究与实践，2019，40（17）：30－34.

［54］李明炅. 广西职业教育现代学徒制人才培养模式研究［J］. 创新创业理论研究与实践，2020，3（24）：138－140.

［55］古能平. 高职教育现代学徒制"四三三"人才培养途径初探——以茶树栽培与茶叶加工专业为例［J］. 高教论坛，2018（01）：119－122.

［56］谭柳青. 高职院校现代学徒制育人路径的探索与实践——以广西水利电力职业技术学院与深圳宝鹰集团合作办学为案例［J］. 中小企业管理与科技，2016（2）：207－208.

［57］杨静，莫品疆. 新形势下交通类高职院校人才培养模式的改革——以广西交通职业技术学院现代学徒制人才培养为例［J］. 教育现代化，2018，5（31）：14－15.

［58］郭进磊. "二四三四"现代学徒制人才培养模式的探索与实施——以南宁职业技术学院建筑室内设计专业为例［J］. 广西职业技术学院学报，2020，13（02）：116－117＋140.

［59］潘旭阳，史庭宇，廖波光. 柳州特色现代学徒制探讨［J］. 广西教育，2020（43）：28－30.

［60］程贺，章恺. 高职土建类专业现代学徒制推进策略研究［J］. 智库时代，2019（49）：193－194.

［61］现代学徒制试点工作管理平台.